Hulio Kortasar
KRAJ ETAPE

REČ I MISAO
KNJIGA 497–498

Prevela sa španskog
ALEKSANDRA MANČIĆ MILIĆ

HULIO KORTASAR

KRAJ
ETAPE

IZDAVAČKO PREDUZEĆE „RAD"
BEOGRAD

NASLOVI ORIGINALA:

Julio Cortázar

Silvia
El viaje
Los pasos en las huellas
Manuscrito hallado en un bolsillo
Verano
Ahí pero dónde, cómo
Cuello de gatito negro
La barca o Nueva visita a Venecia
Orientación de los gatos
Fin de etapa
Deshoras
Pesadillas
Diario para un cuento

SILVIJA

Ko će znati kako je moglo da se završi nešto što nije čak ni počelo, što je krenulo iz sredine i nestalo bez jasnih obrisa, raspršivši se na ivici jedne druge magle, u svakom slučaju treba početi time što mnogi Argentinci provode deo leta u dolinama ispod Liberona, mi veterani ovoga kraja često slušamo njihove zvonke glasove koji kao da donose neki otvoreniji prostor, a zajedno sa roditeljima dolaze deca, što znači i Silvija, izgažene lejice sa cvećem, doručak sa šniclama na viljuškama i obrazima, užasno plakanje za kojim sledi mirenje na italijanski način, što se ono kaže, porodično letovanje. Mene ne gnjave mnogo, štiti me to što me s pravom bije glas da sam nevaspitan; filter se otvara samo da propusti Raula i Normu Majer, a naravno i njihove prijatelje Havijera i Magdu, što uključuje i decu i Silviju, pečenje u Raulovoj kući pre nekih petnaest dana, nešto što čak i nije imalo početak a ipak naročito Silvija, to odsustvo koje se sada stani u mojoj kući samca, dotiče moj jastuk svojom zlatnom meduzom, primorava me da pišem ovo što pišem u besmislenoj nadi da postoji bajalica, slatki golem od reči. U svakom slučaju treba uključiti i Žana Borela, koji predaje književnost naših zemalja na jednom oksitanskom univerzitetu, njegovu ženu Lilijanu i majušnog Renoa, kome su prve dve godine života bučno proletele. Koliko ljudi za ono pečenjce u Raulovoj i Norinoj bašti, pod velikom lipom koja nije delovala baš umirujuće na dečije svađe i naše književne rasprave. Stigao sam sa dve boce vina i suncem koje je zalazilo za brda, Raul i Nora su me pozvali jer je

Žan Borel već dugo želeo da me upozna, a nije se sam usuđivao; tih dana Havijer i Magda su takođe bili u kući, bašta je bila poprište bitke, pola Sijuksi a pola Galorimljani, ratnici sa perjanicama tukli su se bez predaha piskavim glasovima i grudvama blata, Grasijela i Lolita udružile su se protiv Alvara, a sred te huke siroti Reno se teturao u svojim pumpericama punim materinskih pelena, u želji da stalno prelazi sa jedne na drugu stranu, kao nevini i prezreni izdajnik o kome se samo Silvija brine. Znam da gomilam imena, ali poredak i genealogije takođe su do mene stigli sa zakašnjenjem, sećam se da sam izašao iz automobila sa bocama pod pazuhom i na nekoliko metara od sebe video kako se iz žbunja pomalja perjanica Nepobedivog Bizona, njegova nepoverljiva grimasa pred novim Bledolikim; bitka za utvrđenje i taoce vodila se oko jednog malog zelenog šatora koji je izgleda bio generalštab Nepobedivog Bizona. Zanemarivši jednu možda odsudnu ofanzivu, Grasijela ispusti svoju lepljivu municiju i na kraju obrisa ruke o moj vrat; zatim mi neizbrisivo sede u krilo i objasni mi da su Raul i Nora gore sa velikima i da će doći, tako neke nevažne stvari pored one surove bitke u bašti.

Grasijela je uvek osećala obavezu da mi sve objašnjava, polazeći od načela da me smatra za glupaka. Na primer, tog popodneva je Borelov mali bio sasvim beskoristan, zar ne vidiš da ima samo dve godine, još uvek kaki u pantalone, malopre mu se desilo i ja sam išla da javim mami zato što je Reno plakao, ali Silvija ga je odvela do bazena, oprala mu guzu i presvukla ga, Lilijana ništa nije primetila, znaš, ona se mnogo ljuti i samo ga pljesne, onda Reno opet počne da plače, stalno nas gnjavi i ne da nam da se igramo.

– A oni drugi dvoje, oni veći?

– To su Havijerova i Magdina deca, zar ne vidiš, bleso. Alvaro je Nepobedivi Bizon, ima sedam godina, dva meseca više od mene, on je najveći. Lolita ima šest ali već se igra, ona je zarobljenica Nepobedivog Bizona. Ja sam Šumska Kraljica i Lolita je moja prijateljica, tako da moram da je spasem, ali nastavićemo sutra pošto su nas već zvali na kupanje. Alvaro se posekao po nozi, Silvija mu je stavila zavoj. Pusti me, moram da idem. Niko je nije držao, ali Grasijela uvek mora da potvrdi svoju slobodu. Ustao sam da se pozdravim sa Borelovima koji su izlazili iz kuće sa Raulom i Norom. Neko, čini mi se Havijer, poslužio je prvi *pastis*; razgovor poče uz smiraj dana, bitka je promenila svoju prirodu i godine, pretvorila se u odmeravanje snaga uz osmehe između ljudi koji su se tek upoznali; deca su se kupala, u bašti nije bilo ni Gala ni Sijuksa, Borela je zanimalo zašto se ja ne vraćam u svoju zemlju, Raul i Havijer su se smeškali osmesima zemljaka. Tri žene bavile su se oko stola; čudo jedno koliko su ličile, Noru i Magdu spajao je portenjski naglasak, dok je Lilijanin španski vukao na drugu stranu Pirineja. Pozvali smo ih da popiju *pastis*, otkrio sam da je Lilijana tamnija od Nore i Magde, ali su i dalje ličile, bilo je nekog zajedničkog ritma. Sada se razgovaralo o konkretnoj poeziji, o grupi oko časopisa *Invenção*; između mene i Borela pojavio se zajednički teren, Erik Dolfi, druga čaša osvetlila je osmehe između Havijera i Magde, druga dva para živela su već u dobu kada grupni razgovori u njima oslobađaju antagonizme, otvaraju razlike koje intima ućutkuje. Bila je skoro noć kada su deca počela da se pojavljuju, čista, sa dosadom, najpre Havijerova, koja su se svađala oko nekih novčića, Alvaro tvrdoglav a Lolita drska, zatim Grasijela, koja je vodila za ruku Renoa čije lice je već opet bilo umazano. Skupili su se oko zelenog šatorčića; mi smo raspravljali o Žan-Pjeru Faju i Filipu Solersu, noć je izumela vatru za pečenje koja se do tada slabo videla između drveća, premazala se promenljivim zlatnim odsjajima koji su bojili stabla drveća i udaljavali baštensku ogradu; čini mi se da sam u tom trenutku prvi put video Silviju, sedeo sam između Borela i Raula, a oko okruglog stola pod lipom nizali su se Havijer, Magda i Lilijana; Nora je išla tamo-amo noseći pribor za jelo i tanjire. To što mi nisu predstavili Silviju učinilo mi se čudno, ali bila je tako mlada i možda je želela da ostane po strani, shvatio sam zašto Raul i Nora ćute, očigledno je Silvija bila u teškim godinama, nije htela da uđe u igru odraslih, više je volela da nametne svoj autoritet ili ugled deci okupljenoj oko zelenog šatora. Silviju sam slabo uspeo da vidim, vatra je silovito osvetljavala jednu stranu šatora a ona se sagla tamo pored Renoa, brisala mu je lice nekom maramicom ili krpom; videh njene kao izvajane butine, tanke i ocrtane istovremeno u stilu Fransisa Ponža i onom o kojem mi je pričao Borel, listovi su ostali u senci baš kao i trup i lice, ali dugačka kosa odjednom je blistala na odsjajima plamena, kosa boje starog zlata, cela Silvija kao da je bila obojena vatrom, nekom teškom bronzom; minisuknja je otkrivala butine sve do gore, i Fransis Ponž je ostao neoprostivo zaboravljen od strane mladih francuskih pesnika sve dok sada, sa iskustvima grupe *Tel Quel*, majstor nije dobio priznanje; nije bilo moguće upitati ko je Silvija, zašto nije sa nama, a osim toga, vatra je varljiva, možda je njeno telo ispred njenih godina i Sijuksi su još uvek njena prirodna sredina. Raula je zanimala poezija Žana Tardjea, pa smo Havijeru morali da objasnimo ko je on i šta piše; kada mi je Nora donela treći *pastis* nisam mogao da je pitam za Silviju, rasprava je bila previše živa i Borel je upijao svaku moju reč kao da je baš toliko vredna. Video sam kako kod šatora prinose nizak stočić, obavljaju pripreme da deca večeraju posebno; Silvija više nije bila tu, ali senka je zaklanjala šator a ona je možda sela malo dalje ili se šetala između drveća. Prinuđen da pretresam mišljenja o dometu iskustava Žaka Ruboa, jedva sam stigao da se iznenadim što se toliko zanimam za Silviju, što me je Silvijin iznenadni nestanak tako dvosmisleno uznemirio; kada sam Raulu rekao šta mislim o Rubou, vatra je ponovo na trenutak bila Silvija, video sam kako je prošla pored šatora vodeći za ruku Lolitu i Alvara; za njima su išli Grasijela i Reno skačući i igrajući, kao poslednji pojavni oblici Sijuksa; naravno da je Reno pao potrbuške i njegov prvi vrisak uplašio je Lilijanu i Borela. Iz grupe dopre Grasijelin glas: „Nije ništa, već je prošlo!", i roditelji se vratiše razgovoru sa onom lakoćom kakva se stiče od svakodnevne jednoličnosti uboja kod Sijuksa; sada je trebalo pronaći neki smisao u Ksenakisovim slučajnim iskustvima za koja je Havijer pokazivao zanimanje, što se Borelu činilo preterano. Između Magdinog i Norinog ramena ja sam u daljini video Silvijinu priliku kako se ponovo nadnela nad Renoa pokazujući mu neku igračku da ga uteši; vatra joj je obnažila noge i pokazala profil, nazreo sam tanak i senzualan nos, usne kao na arhajskoj statui (ali zar me Borel nije upravo upitao nešto o nekakvoj statueti sa Kiklada za koju me je smatrao odgovornim, zar Havijerovo pominjanje Ksenakisa nije skrenulo razgovor na neku vredniju temu?). Osetih da, ako sam za bilo šta hteo da znam u tom trenutku, to je bila Silvija, da znam da je blizu i to bez sjaja koji joj daje vatra, da je vratim verovatnoj osrednjosti stidljive devojčice ili da se uverim u onu siluetu, suviše lepu i živu da bi ostala puko priviđenje; poželeo sam da to kažem Nori za koju me vezuje davnašnje poverenje, ali Nora je postavljala trpezu i ređala papirne salvete, ne propustivši da zatraži od Raula da odmah kupi neku Ksenakisovu ploču. Sa teritorije na kojoj je vladala Silvija, sada ponovo nevidljiva, došla je Grasijela gazela, mudrica; pružih joj staru zakačku od osmeha, ruke koje joj pomogoše da se smesti na moja kolena; iskoristih njene neverovatne vesti o nekom dlakavom govnovalju da se isključim iz razgovora a da Borel ne pomisli da sam nepristojan, i čim sam mogao, upitah je u pola glasa da li se Reno povredio.

– Ma nije, glupko, nije to ništa. Stalno pada, ima samo dve godine, shvataš. Silvija mu je čvorugu polila vodom.

– Ko je Silvija, Grasijela?

Pogledala me je kao da je iznenađena.

— Naša drugarica.
— Ali, da li je ona ćerka nekoga od ovih ljudi?
— Ti si lud — reče Grasijela razumno. — Silvija je naša drugarica. Jel' tako, mama, da je Silvija naša drugarica?
Nora uzdahnu, spuštajući poslednju salvetu pored mog tanjira.
— Zašto ne odeš tamo sa decom i ostaviš Fernanda na miru? Ako počne da ti priča o Silviji, potrajaće to malo.
— Zašto, Nora?
— Zato, otkako su je izmislili ne daju nam mira s tom njihovom Silvijom — reče Havijer.
— Nismo je mi izmislili — reče Grasijela, zgrabivši me za lice obema rukama kako bi me otela od velikih. — Pitaj Lolitu i Alvara, videćeš.
— Ali ko je Silvija? — ponovih.
Nora je već bila suviše daleko da bi čula, a Borel je ponovo raspravljao sa Havijerom i Raulom. Grasijeline oči nisu se odvajale od mojih, njena usta su se izvila kao neka napola šaljiva, a napola starmala trubica.
— Rekla sam ti, ludo, to je naša drugarica. Ona se igra sa nama kad hoće, ali ne igra se Indijanaca pošto joj se ne sviđa. Ona je mnogo velika, razumeš, zato toliko brine o Renou koji ima samo dve godine i kaki u pantalone.
— Je li došla sa gospodinom Borelom? — upitah ja tiho. — Ili sa Havijerom i Magdom?
— Ni sa kim nije došla — reče Grasijela. — Pitaj Lolitu i Alvara, videćeš. Renoa nemoj da pitaš, on je derište i ništa ne razume. Pusti me, moram da idem.
Raul, koji kao da uvek ima radar, odvojio se od razmišljanja o letrizmu da bi napravio sažaljiv pokret.
— Nora te je upozorila, ako im ideš naruku, izludeće te svojom Silvijom.
— To je Alvaro — reče Magda. — Moj sin je mitoman, i onda zarazi ceo svet.
Raul i Magda su me i dalje posmatrali, na trenutak sam mogao da kažem: „Ne razumem", da bih ih naterao

da mi objasne, ili direktno: „Ali Silvija je tu, samo što sam je video." Ne verujem, sada kada imam isuviše vremena da o tome razmišljam, da me je Borelova rasejana upadica sprečila da to kažem. Borel me je upravo pitao nešto o *Zelenoj kući*; počeo sam da pričam i ne znajući šta govorim, ali u svakom slučaju se više nisam obraćao Raulu i Magdi. Videh kako Lilijana prilazi dečijem stolu i stavlja ih da sednu na hoklice i stare sanduke; vatra ih je osvetljavala kao gravire iz romana Hektora Maloa ili Dikensa, lipove grane bi na trenutke zaklonile neko lice ili podignutu ruku, čuo se smeh i vika. Ja sam sa Borelom razgovarao o Fušiji, prepuštao sam se matici na onom splavu od uspomena na kojem je Fušija bio tako užasno živ. Kada mi je Nora donela tanjir sa mesom šapnuo sam joj na uvo: „Nisam baš shvatio ono sa decom."

– Eto, i ti si se upecao – reče Nora, uputivši sažaljiv pogled ostalima. – Sva sreća da će posle na spavanje jer si ti rođena žrtva, Fernando.

– Ne obraćaj pažnju na njih – umeša se Raul. – Vidi se da nemaš iskustva, suviše ozbiljno shvataš dečurliju. Treba na jedno uvo da primiš, a na drugo da pustiš, ili ćeš poludeti.

Možda sam u tom trenutku izgubio mogućnost da stupim u Silvijin svet, nikada neću saznati zašto sam pristao na suviše jednostavnu pretpostavku da je to šala, da mi se prijatelji podsmevaju (Borel ne, Borel je išao svojim putem koji ga je već odveo u Makondo); ponovo sam video Silviju, koja je upravo provirila iz senke i nadnela se nad Grasijelu i Alvara kao da hoće da im pomogne da iseku meso ili možda da progutaju zalogaj; Lilijana je došla da sedne sa nama i njena senka se isprečila, neko mi je ponudio vino; kada sam ponovo pogledao, Silvijin profil kao da je goreo na žeravici, kosa joj je pala na jedno rame, klizila je stapajući se sa senkom njenog psa. Bila je toliko lepa da me je šala uvredila, kakav neukus, počeo sam da jedem gledajući u tanjir, prateći iskosa Borela koji me je pozivao na neko univerzitetsko predavanje; ako sam mu rekao da neću ići, za to je bila kriva Silvija, pošto je i bez svoje volje bila saučesnik u šalama mojih prijatelja. Te večeri Silviju više nisam video; kada je Nora prišla dečijem stolu sa sirom i voćem, ona i Lolita su zajedno nahranile Renoa koji je već skoro zaspao. Počeli smo da pričamo o Onetiju i o Felisbertu Ernandesu, toliko smo vina popili u njegovu čast da je još jedan vetar Sijuksa i Ćarua Indijanaca zahvatio lipu; doveli su decu da kažu laku noć, Reno u Lilijaninom naručju.

– Dobila sam jabuku sa crvom – reče mi Grasijela sa ogromnim zadovoljstvom. – Laku noć, Fernando, mnogo si nevaljao.

– Zašto, ljubavi?
– Zato što nijednom nisi došao za naš sto.
– Tačno, izvini. Ali vi ste imali Silviju, zar ne?
– Naravno, ali ipak.
– Ovaj je baš naseo – reče Raul gledajući me sa nečim što je moralo biti sažaljenje. – Skupo će te to koštati, čekaj samo kad te dohvate sasvim budni sa svojom famoznom Silvijom, kajaćeš se, brate.

Grasijela mi umaza bradu poljupcem koji je jako mirisao na jogurt i jabuku. Mnogo kasnije, posle razgovora u kojem je san počeo da smenjuje razmišljanja, pozvao sam ih kod sebe na večeru. Stigli su prošle subote oko sedam, u dva automobila, Alvaro i Lolita doneli su nekog platnenog zmaja i pod izgovorom da hoće da ga puštaju odmah su mi uništili hrizanteme. Pustio sam žene da se pobrinu za piće, shvatio sam da niko neće sprečiti Raula da preuzme kormilo oko pečenja; pokazao sam kuću Borelovima i Magdi, posadio ih u dnevnu sobu naspram mog ulja Hulija Silve i malo pio sa njima, praveći se da sam tu i da slušam šta pričaju; kroz staklena vrata video se zmaj kako lebdi u vazduhu, čula se Lolitina i Alvarova vika. Kada se pojavila Grasijela sa buketom cvetova daninoć napravljenim, pretpostavljam, na račun moje najbolje leje, izađoh u baštu u pomrčini i pomogoh im da podignu zmaja još više. Senka je kupala brda u dnu doline i spuštala se kroz trešnjeva drvca i topole, ali bez Silvije, Alvaru nije trebala Silvija da bi pustio zmaja.

— Lepo leti — rekoh mu isprobavajući zmaja, privlačeći i otpuštajući.

— Jeste, ali pazi, ponekad pikira na glavu, a ove topole su mnogo visoke — upozorio me je Alvaro.

— Meni nikad ne padne — reče Lolita, možda ljubomorna na moje prisustvo. — Ti suviše vučeš, ne umeš.

— Ume bolje od tebe — reče Alvaro brzo sklopivši muški savez. — Što ne ideš da se igraš sa Grasijelom, zar ne vidiš da smetaš?

Ostali smo sami, puštajući zmaja. Čekao sam da me Alvaro prihvati, da sazna da i ja umem kao i on da upravljam zeleno-crvenim letom koji se sve više gubio u tami.

— Zašto niste doveli Silviju? — upitah, povukavši malo zmaja.

Pogledao me je ispod oka, vragolasto, uzeo mi kanap iz ruku, blago me degradirajući.

— Silvija dolazi kad se njoj prohte — reče uzimajući kanap.

— Dobro, znači danas nije došla.

— Šta ti znaš? Ona dolazi kad joj se prohte, kažem ti.

— Aha. A zašto tvoja mama kaže da si ti izmislio Silviju? — Gledaj kako leti — reče Alvaro. — Čoveče, ovaj zmaj je genijalan, bolji od svih.

— Zašto mi ne odgovaraš, Alvaro?

— Mama misli da sam je ja izmislio — reče Alvaro. — A zašto ti ne misliš tako, ha?

Iznenada videh Grasijelu i Lolitu pored sebe. Čule su poslednje reči, stajale su i nepomično me gledale; Grasijela je polako gnjavila jedan daninoć među prstima.

— Zato što ja nisam kao oni — rekoh. — Ja sam je video, znate.

Lolita i Alvaro se dugo zgledaše, a Grasijela mi priđe i stavi mi daninoć u ruku. Kanap na zmaju iznenada se zategnu. Alvaro ga popusti, videsmo kako se zmaj gubi u tami.

– Oni ne veruju zato što su glupi – reče Grasijela. – Pokaži mi gde ti je kupatilo i hajde sa mnom da piškim.

Odveo sam je do stepeništa, pokazao joj kupatilo i upitao neće li da se izgubi kada se bude vraćala. Na vratima kupatila, sa izrazom u kojem kao da je bilo nekakvog priznanja, Grasijela mi se osmehnu.

– Ne, samo ti idi, Silvija će me dovesti.

– A, dobro – rekoh ja boreći se protiv ko zna čega, apsurda ili košmara ili mentalne retardacije. – Znači konačno je ipak došla.

– Pa razume se, ludo – reče Grasijela. – Zar je ne vidiš, tamo?

Vrata spavaće sobe bila su otvorena, Silvijine gole noge ocrtavale su se na crvenom prekrivaču na krevetu. Grasijela je ušla u kupatilo, i čuh kako je navukla rezu. Dođoh do spavaće sobe, videh kako Silvija spava u mom krevetu, sa kosom kao zlatna meduza na jastuku. Pritvorih vrata za sobom, priđoh, ne znam kako, tu ima nekih rupa i bičeva, neka voda teče niz lice i zaslepljuje i grize, neki zvuk kao tutnjava iz dubina, trenutak bez vremena, nepodnošljivo lep. Ne znam da li je Silvija bila naga, za mene je bila kao topola od bronze i sna, čini mi se da sam je video nagu mada posle ne, mora biti da sam je zamišljao ispod onoga što je nosila na sebi, linija listova i butina ocrtavala ju je postrance na crvenom prekrivaču, pratio sam blagu krivinu opuštenih bedara, jedna noga ispružen-senka utonulog psa, veličanstvene male grudi sa plavim dlačicama. „Silvija", pomislih, nesposoban da izgovorim ijednu reč, „Silvija, Silvija, ali onda..." Grasijelin glas odjeknu iza dvoja vrata kao da mi je dreknula u uvo: „Silvija, dođi po mene!" Silvija otvori oči, sede na ivicu kreveta; imala je istu onu mini--suknju kao i prve večeri, bluzu sa dekolteom, crne sandale. Prošla je pored mene ne pogledavši me i otvorila vrata. Kada sam izašao, Grasijela je trčala niz stepenice a Lilijana, noseći Renoa u naručju, prođe pored nje idući ka kupatilu i sredstvu za dezinfekciju za posekotinu u obliku broja sedam. Pomogao sam u tešenju i lečenju, Borel se popeo uznemiren drekom svoga sina, uz osmeh me je prekorio zbog odsustva, siđosmo u dnevnu sobu da popijemo još po jednu, svi su se skupili oko slike Grejema Saterlenda, tako neka priviđenja, teorije i oduševljenja koji su se gubili u vazduhu zajedno sa duvanskim dimom. Magda i Nora su okupile decu da bi ih strateški postavile da jedu zasebno; Borel mi dade svoju adresu, navaljujući da pošaljem obećani tekst jednom časopisu u Poatjeu, reče mi da odlaze sledećeg jutra i vode sa sobom Havijera i Magdu da posete taj kraj. „Silvija će otići sa njima", pomislih nekako neodređeno i potražih kutiju sa ušećerenim voćem, što je bio izgovor da priđem dečijem stolu i tu malo ostanem. Nije mi bilo lako da ih pitam, jeli su kao vukovi i oteli su mi slatkiše u najboljim tradicijama Sijuksa i Teuelća. Ne znam zašto sam pitao Lolitu, brišući joj uzgred usta salvetom.

– Šta ja znam? – reče Lolita. – Pitaj Alvara.

– Ne znam ni ja – reče Alvaro, neodlučan između kruške i smokve. – Ona radi šta hoće, možda će da ode.

– Ali s kim od vas je došla?

– Ni sa kim – reče Grasijela, šutnuvši me ispod stola najbolje što je umela. – Bila je ovde, a sad, ko zna, Alvaro i Lolita se vraćaju u Argentinu, a neće valjda sa Renoom da ostane, on je mnogo mali, popodne je progutao crknutu osu, fuj.

– Ona radi šta hoće, baš kao i mi – reče Lolita.

Vratih se za sto, videh kako se veče završava u izmaglici od konjaka i dima. Havijer i Magda vraćali su se za Buenos Ajres (Alvaro i Lolita su se vraćali za Buenos Ajres) a Borelovi će sledeće godine u Italiju (Reno će sledeće godine u Italiju).

– Ovde ostajemo mi najstariji – reče Raul. (Onda će Grasijela ostati, ali Silvija je bila sve četvoro, Silvija je bila kada je njih četvoro tu a ja sam znao da se oni više nikada neće sresti.)

Raul i Nora su još uvek tu, u našoj dolini Liberona, sinoć sam im bio u poseti i ponovo smo ćaskali pod lipom; Grasijela mi je poklonila malu maramu koju je upravo izvezla ukrštajući konac, saznadoh da su me pozdravili Havijer, Magda i Borelovi. Večerali smo u bašti, Grasijela nije htela rano da ide na spavanje, igrala se sa mnom postavljajući zagonetke. U jednom trenutku smo ostali sami, Grasijela je tražila odgovor na zagonetku o mesecu, nikako da pogodi i ponos joj je bio povređen.

– A Silvija? – upitah je, pomilovavši je po kosi.

– Vidiš kako si glup – reče Grasijela. – Ti misliš da bi ona večeras došla samo zbog mene?

– Sva sreća – reče Nora izlazeći iz senke. – Sva sreća da neće doći samo zbog tebe, jer nam je već dosta te vaše priče.

– To je mesečina – reče Grasijela. – Kakva glupa zagonetka, čoveče.

PUTOVANJE

Možda se ovo događa u La Riohi, u provinciji koja se zove La Rioha, u svakom slučaju događa se kasno, skoro pred noć, mada je počelo već ranije, u dvorištu jedne seoske kuće, kada je čovek rekao da je putovanje komplikovano ali da će se konačno odmoriti, da se konačno rešio na to zato što su mu preporučili, odlazi da na miru provede petnaest dana u Mersedesu. Žena ga prati do varoši gde treba da kupi karte, takođe su mu rekli da treba da kupi karte na stanici u varoši i da usput proveri da se red vožnje nije promenio. Gledano sa imanja, uz život kakav vode, čovek ima utisak da se redovi vožnje i toliko drugih stvari sigurno često menjaju u varoši, a to je neretko i tačno. Bolje da izvezu auto i siđu u varoš mada je vreme već malo tesno da se u Ćaves stigne na prvi voz.

Bilo je prošlo pet kada stigoše na stanicu i ostaviše auto na prašnjavom trgu, pored dvokolica i taljiga natovarenih paketima ili kanisterima; u autu nisu mnogo razgovarali, mada je muškarac pitao za neke košulje i žena mu je rekla da je kofer spakovan i da samo još treba staviti papire i još neku knjigu u akten-tašnu.

– Huares je znao red vožnje – reče muškarac. – Objasnio mi je kako da stignem u Mersedes, rekao je da je najbolje da izvadim karte u varoši i da proverim presedanja.

– Da, rekao si mi već – odgovori žena.

– Od našeg imanja do Ćavesa mora da ima najmanje šezdeset kilometara autom. Izgleda da voz koji ide za Peulko prolazi kroz Ćaves u devet i nešto.

— Auto ostaje kod šefa stanice — reče žena, pola pitajući, a pola mu govoreći.
— Da. Voz iz Ćavesa stiže u Peulko posle ponoći, ali izgleda da u hotelu uvek ima soba s kupatilom. Ne valja što nema baš mnogo vremena za odmor, pošto sledeći voz polazi oko pet ujutro, treba da se pita za vreme. Posle ima dobar komad puta dok se ne stigne u Mersedes.
— Daleko je, jeste.
Nema mnogo sveta na stanici, neki meštani kupuju cigarete u kiosku ili čekaju na peronu. Blagajna je na kraju perona, skoro uz sam slepi kolosek. To je sala sa prljavim šalterom, zidova punih plakata i mapa, a u dnu, dva pisaća stola i čelična kasa. Jedan čovek u košulji sedi za šalterom, neka devojka radi na telegrafskom aparatu za jednim od stolova. Skoro je pao mrak ali nisu upalili svetlo, do poslednjeg trenutka koriste smeđu svetlost koja polako ulazi kroz prozor u dnu.
— Treba odmah da se vratimo kući — kaže muškarac.
— Treba još da se ukrca prtljag, a ne znam ni da li imam dovoljno benzina.
— Izvadi karte, pa da idemo — kaže žena, koja je malo zaostala.
— Da. Čekaj da razmislim. Znači prvo idem do Peulka. Ne, nego treba da se izvadi karta tamo odakle mi je rekao Huares, ne sećam se tačno.
— Ne sećaš se — kaže žena, onim svojim načinom na koji je postavljala pitanja koja nikad nisu baš sasvim pitanja.
— Uvek ista stvar sa imenima — kaže on uz nezadovoljan osmeh. — Ispare ti iz glave baš kad hoćeš da ih kažeš. Pa onda druga karta od Peulka do Mersedesa.
— Ali zašto dve posebne karte — kaže žena.
— Huares mi je objasnio da su to dve kompanije i zato treba dve karte, ali ti na svakoj stanici prodaju obe pa je svejedno. Engleska posla.
— Nisu više engleska — kaže žena.

Jedan crnomanjast mladić ušao je u biletarnicu i nešto proverava. Žena priđe i nalakti se na šalter, plava je i lice joj je umorno i lepo, kao izgubljeno u futroli od zlatne kose koja neodređeno osvetljava njene crte. Prodavac karata je pogleda na trenutak, ali ona ne kaže ništa, kao da čeka da njen muž priđe da kupi karte. Niko ne kaže dobar dan u biletarnici, toliko je mračno da izgleda kao da to nije potrebno.

– Ovde na karti bi moralo da se vidi – kaže muškarac idući ka zidu s leve strane. – Gledaj, mora da je tako. Mi smo...

Njegova žena prilazi i gleda prst koji se neodlučno kreće po uspravnoj karti, tražeći gde da se spusti.

– Ovo je naša provincija – kaže muškarac – a mi smo ovde. Čekaj, ovde je. Ne, mora da je još južnije. Ja treba da idem ovamo, u ovom pravcu, vidiš. A sada smo ovde, čini mi se.

Napravi korak unazad i pogleda celu kartu, dugo je gleda.

– Ovo je naša provincija, je li tako?
– Izgleda – kaže žena. – I ti kažeš da smo mi ovde.
– Ovde, razume se. Ovo mora da je put. Šezdeset kilometara do ove stanice, kako reče Huares, voz mora da krene odavde. Ne vidim drugi način.
– Dobro, onda izvadi karte – kaže žena.

Muškarac još malo gleda kartu i prilazi prodavcu karata. Njegova žena ide za njim, ponovo se nalakti na šalter, kao da se sprema da dugo čeka. Mladić završava razgovor sa prodavcem karata i odlazi da pogleda red vožnje na zidu. Pali se jedno plavo svetlo na pisaćem stolu telegrafistkinje. Muškarac je izvadio novčanik i traži novac, izvuče nekoliko novčanica.

– Treba da putujem za...

Okrene se ka svojoj ženi koja gleda neki crtež na šalteru, nešto nalik crvenim mastilom loše nacrtanoj podlaktici.

– Kako se zove grad kuda treba da idem? Ne mogu da se setim imena. Ne onaj drugi, nego prvi. Do prvog idem autom.
Žena diže pogled i gleda u pravcu karte. Muškarac načini nestrpljiv pokret pošto je karta suviše daleko da bi nečemu služila. Prodavac karata se laktovima naslonio na šalter i čeka bez reči. Nosi zelene naočari i kroz otkopčan okovratnik na košulji izbija mu mlaz bakarnocrvenih malja.
– Rekao si Aljende, čini mi se – kaže žena.
– Ma ne, kakav Aljende.
– Ja nisam bila tu kad ti je Huares objašnjavao rutu.
– Huares mi je objasnio red vožnje i presedanja, ali ja sam ti ponovio imena u autu.
– Nema nijedne stanice koja se zove Aljende – kaže prodavac karata.
– Naravno da nema – kaže muškarac. – Ja idem u...
Žena ponovo gleda crtež crvene podlaktice, koja uopšte nije podlaktica, sada je sigurna.
– Čujte, hoću kartu za prvi razred do... Znam da treba da idem autom do... To je negde severno od našeg imanja. Znači ti se ne sećaš?
– Samo polako – kaže prodavac karata. – Razmislite na miru.
– Nemam ja baš toliko vremena – kaže muškarac. – Odmah treba autom da krenem za... Samo mi treba karta odatle do one druge stanice na kojoj se preseda za Aljende. Sad vi kažete da nije Aljende. Kako se ti ne sećaš?
Prilazi svojoj ženi, postavlja joj pitanje gledajući je iznenađeno, skoro zaprepašćeno. Na trenutak samo što se nije vratio do karte da potraži, ali odustaje od toga i čeka, malo se unoseći u lice svojoj ženi, koja prstom vuče tamo-amo po šalteru.
– Samo polako – ponavlja prodavac karata.
– Znači... – kaže muškarac. – Znači ti...
– Nešto kao Moragva – kaže žena kao da pita.

Muškarac gleda u pravcu karte, ali vidi da prodavac karata odmahuje glavom.
– Nije to – kaže muškarac. – Nemoguće da se ne sećamo, ali baš kad smo dolazili...
– Uvek se to dešava – kaže prodavac karata. – Najbolje je da se malo opustite i razgovarate o bilo čemu, onda ime cap, padne kao ptičica, baš danas rekoh jednom gospodinu koji je išao za Ramaljo.
– Za Ramaljo – ponavlja muškarac. – Ne, nije Ramaljo. Ali možda kad bih pogledao spisak stanica...
– Eno ih tamo – kaže prodavac karata pokazujući red vožnje zalepljen na zid. – Mada, istina, ima ih oko tri stotine. Ima mnogo prolaznih postaja i teretnih stanica, ali ipak svaka ima svoje ime, je l' tako?

Muškarac prilazi redu vožnje i stavlja prst na početak prve kolone. Prodavac karata čeka, izvadi cigaretu iza uveta i lizne joj vrh pre nego što je upali, gledajući u ženu koja je i dalje naslonjena na šalter. U polumraku mu se čini da se žena smeška, ali ne vidi se dobro.

– Upali deder to svetlo, Huana – kaže prodavac karata, telegrafistkinja pruži ruku do prekidača na zidu i jedna sijalica se upali na žućkastom plafonu. Muškarac je stigao do sredine druge kolone, njegov prst zastaje, vraća se nazad, ponovo se spušta, odmiče se. Sada se žena zaista smeška, prodavac karata ju je video pod svetlošću sijalice i siguran je, i on se smeška ne znajući zašto, sve dok se muškarac naglo ne okrene i vrati se do šaltera. Crnomanjasti mladić seo je na klupu pored vrata i to znači da je još neko tu, još jedan par očiju koje prelaze s jednog lica na drugo.

– Zakasniću – kaže muškarac. – Kad bi se barem ti setila, ja zaboravljam imena, znaš već kakav sam.
– Huares ti je sve objasnio – kaže žena.
– Pusti ti Huaresa, ja tebe pitam.
– Treba da promeniš dva voza – kaže žena. – Prvo treba da odeš autom do jedne stanice, sećam se da si rekao da ćeš ostaviti auto kod šefa.
– To nema nikakve veze.

– Svaka stanica ima šefa – kaže prodavac karata.
Muškarac ga pogleda, ali ga možda nije ni čuo. Čeka da se njegova žena seti, odjednom kao da sve zavisi od nje, od toga da li će se ona setiti. Nema više mnogo vremena, treba se vratiti kući, ukrcati prtljag i krenuti na sever. Odjednom, umor je kao to ime kojeg ne može da se seti, neka praznina koja mu sve teže pada. Nije video da se žena smeška, samo prodavac karata ju je video. Još uvek čeka da se ona seti, pomaže joj sopstvenom nepomičnošću, naslanja šake na šalter, sasvim blizu prsta žene koja se i dalje poigrava crtežom crvene podlaktice i prelazi preko njega blago sada kada zna da to nije podlaktica.

– U pravu ste – kaže gledajući prodavca karata. – Kad čovek previše misli, stvari mu izmiču. Ali možda ti...

Žena napući usta kao da hoće da srkne nešto.

– Možda se sećam – kaže. – U autu smo pričali da prvo ideš u... Nije Aljende, je l' tako? Onda je nešto kao Aljende. Pogledaj ponovo pod A ili Ha. Ako hoćeš, pogledaću ja.

– Ne, nije to. Huares mi je objasnio koja je najbolja kombinacija... Pošto može da se ide i drugačije, ali onda treba tri puta da se preseda.

– To je previše – kaže prodavac karata. – Kad se preseda dvaput, već je dosta, pa sve ono blato što se skuplja po vagonu, o vrućini da i ne govorimo.

Muškarac nestrpljivo odmahne i okrene leđa prodavcu karata, stane između njega i žene. Uspeva sa strane da vidi momka koji ih posmatra sa klupe, pa se još malo okrene da ne bi video ni prodavca karata ni mladića, da bi ostao sasvim sam uz ženu koja je digla prst sa crteža i gleda svoj nalakirani nokat.

– Ne sećam se – kaže muškarac veoma tiho. – Ja se ničega ne sećam, znaš to. Ali ti se sećaš, razmisli malo. Videćeš da ćeš se setiti, siguran sam.

Žena ponovo napući usta. Trepne dva-triput. Muškarčeva ruka hvata je za zglob i steže. Ona ga gleda, sada ne trepće.

– Las Lomas – kaže. – Možda beše Las Lomas.
– Ne – kaže muškarac. – Nemoguće da se ne sećaš.
– Onda Ramaljo. Ne, to sam već rekla. Ako nije Aljende, onda je sigurno Las Lomas. Ako hoćeš, pogledaću na karti.

Ruka pušta zglob, i žena protrlja trag na koži, blago dune odozgo. Muškarac je sagao glavu i teško diše.

– Nema ni stanice Las Lomas – kaže prodavac karata.

Žena ga gleda preko glave muškarca koji se još više povio nad šalterom. Bez žurbe, kao da ispituje teren, prodavac karata joj se jedva primetno osmehne.

– Peulko – kaže iznenada muškarac. – Sad se sećam. Bio je Peulko, zar ne?

– Možda – kaže žena. – Možda je Peulko, ali meni nešto ne zvuči poznato.

– Ako ćete kolima do Peulka, potrajaće – kaže prodavac karata.

– Ti misliš da nije bio Peulko? – navaljuje muškarac.

– Ne znam – kaže žena. – Ti si malopre znao, ja nisam mnogo obraćala pažnju. Možda je Peulko.

– Huares je rekao Peulko, siguran sam. Od imanja do stanice ima oko šezdeset kilometara.

– Ima mnogo više – kaže prodavac karata. – Nije vam zgodno da idete autom do Peulka. A kad stignete tamo, kuda dalje?

– Kako kuda dalje?

– Kažem zato što je Peulko samo raskrsnica i ništa više. Tri kućerka i stanični hotel. Ljudi idu u Peulko da bi preseli s jednog voza na drugi. Međutim, ako vi tamo imate nekog posla, to je nešto drugo.

– Ne može biti toliko daleko – kaže žena. – Huares ti je rekao šezdeset kilometara, znači ne može biti Peulko.

Muškarac odugovlači sa odgovorom, stavlja jednu ruku preko uva kao da sluša nešto iznutra. Prodavac karata ne skida pogled sa žene i čeka. Nije siguran da li mu se ona osmehnula kada je progovorila.

— Jeste, mora biti Peulko — kaže muškarac. — Ako je tako daleko, onda je to druga stanica. Treba da uzmem kartu do Peulka i da sačekam drugi voz. Rekli ste da je to raskrsnica i da tu ima hotel. Onda je Peulko.
— Ali nije na šezdeset kilometara — kaže prodavac karata.
— Razume se da nije — kaže žena, uspravivši se i malo podigavši glas. — Peulko je druga stanica, ali moj muž se ne seća prve, a ta jeste na šezdeset kilometara. Huares ti je rekao, čini mi se.
— Aa — kaže prodavac karata. — Dobro, onda bi prvo trebalo da idete u Ćaves i da sednete u voz za Peulko.
— Ćaves — kaže muškarac. — Može biti da je Ćaves, razume se.
— Onda se iz Ćavesa ide za Peulko — kaže žena, skoro pitajući.
— Jedino tako se može odavde — kaže prodavac karata.
— Vidiš — kaže žena. — Ako si siguran da je druga stanica Peulko...
— Ti se ne sećaš? — kaže muškarac. — Sad sam skoro siguran, ali kad si rekla Las Lomas, pomislio sam da bi i to moglo da bude.
— Nisam rekla Las Lomas, rekla sam Aljende.
— Aljende nije — kaže muškarac. — Zar nisi rekla Las Lomas?
— Možda, učinilo mi se da si u autu pominjao Las Lomas.
— Nema stanice Las Lomas — kaže prodavac karata.
— Onda sam rekla Aljende, ali nisam sigurna. Biće da je Ćaves i Peulko, kao što se vama čini. Izvadi onda kartu od Ćavesa do Peulka.
— Jasno — kaže prodavac karata otvarajući jednu fioku. — Ali od Peulka... Jer rekoh vam već da je to samo raskrsnica.

Čovek je užurbano tražio po novčaniku, ali poslednje reči mu zaustaviše ruku u vazduhu. Prodavac karata se naslanja na ivicu otvorene fioke i ponovo čeka.

– Iz Peulka hoću kartu za Moragvu – kaže muškarac glasom koji posustaje, koji liči na njegovu ruku sa novcem ispruženu u vazduhu.
– Nema stanice koja se zove Moragva – kaže prodavac karata.
– Bilo je tako nekako – kaže muškarac. – Ti se ne sećaš?
– Da, bilo je nešto kao Moragva – kaže žena.
– Na „M" ima prilično mnogo stanica – kaže prodavac karata. – Mislim, iz Peulka. Sećate li se koliko otprilike traje put?
– Čitavo jutro – kaže muškarac. – Nekih šest sati, ili možda manje.
Prodavac gleda kartu pritisnutu staklom na kraju šaltera.
– Mogla bi biti Malumba, ili možda Mersedes – kaže. – Na toj udaljenosti vidim samo ove dve, možda Amorimba. Amorimba ima dva „m", možda je ta.
– Nije – kaže muškarac. – Nije nijedna od tih.
– Amorimba je malo mesto, ali Malumba i Mersedes su gradovi. Na „M" ne vidim nijedan drugi u toj oblasti. Mora biti jedan od njih ako presedate u Peulku.
Muškarac gleda u ženu, gužvajući polako novčanice u još uvek ispruženoj ruci, i žena napući usta i slegne ramenima.
– Ne znam, ljubavi – kaže. – Možda je Malumba, šta misliš.
– Malumba – ponavlja muškarac. – Ti dakle misliš da je Malumba.
– Nije da mislim. Gospodin ti kaže da iz Peulka ima samo to i Mersedes. Možda je Mersedes, ali...
– Ako idete iz Peulka mora biti Mersedes ili Malumba – kaže prodavac karata.
– Vidiš – kaže žena.
– Mersedes je – kaže muškarac. – Malumba mi ne zvuči poznato, ali Mersedes... Idem u hotel Mundijal, možda vi znate da li je to u Mersedesu.

— Jeste — kaže mladić koji sedi na klupi. — Mundijal je na dva bloka od stanice.

Žena ga gleda, i prodavac karata sačeka malo pre nego što zavuče prste u fioku u kojoj su poređane karte. Muškarac se nagne preko šaltera kao da hoće bliže da mu pruži novac, a istovremeno okreće glavu i gleda u pravcu mladića.

— Hvala — kaže. — Veliko hvala, gospodine.

— To je lanac hotela — kaže prodavac karata. — Izvinite, ali u Malumbi takođe ima hotel Mundijal, a ako ćemo o tome, sigurno ga ima i u Amorimbi, mada tamo nisam siguran.

— Onda... — kaže muškarac.

— Probajte, u svakom slučaju, ako nije Mersedes, uvek možete da sednete u drugi voz do Malumbe.

— Meni poznatije zvuči Mersedes — kaže muškarac. — Ne znam zaašto, ali mi zvuči poznato. A tebi?

— I meni, naročito na početku.

— Kako na početku?

— Kad ti je mladić rekao za hotel. Ali ako i u Malumbi ima hotel Mundijal...

— Mersedes je — kaže muškarac. — Siguran sam da je Mersedes.

— Izvadi onda karte — kaže žena kao da je sve to više ne zanima.

— Od Ćavesa do Peulka, i od Peulka do Mersedesa — kaže prodavac karata.

Kosa skriva profil žene koja ponovo gleda crveni crtež na šalteru, i prodavac karata ne može da joj vidi usta. Rukom sa namazanim noktima ona polako trlja zglob.

— Jeste — kaže muškarac pošto je malo oklevao. — Od Ćavesa do Peulka, i odatle za Mersedes.

— Moraćete da požurite — kaže prodavac karata izvadivši jedan plavi i jedan zeleni kartončić. — Ima više od šezdeset kilometara do Ćavesa, a voz polazi u devet i pet.

Muškarac stavlja novac na šalter i prodavac karata počinje da mu vraća kusur, gledajući kako žena polako trlja zglob. Ne može znati da li se ona osmehuje i nije ga mnogo ni briga, ali bi ipak voleo da zna da li se smeška iza sve te zlatne kose koja joj pada na usta.

– Sinoć je lilo kao iz kabla tamo oko Ćavesa – kaže mladić. – Bolje požurite, gospodine, putevi su blatnjavi.

Muškarac spakuje kusur i stavi karte u džep na sakou. Žena zabaci kosu unazad sa dva prsta i pogleda prodavca karata. Skupila je usne kao da nešto srče. Prodavac karata joj se osmehuje.

– Hajdemo – kaže muškarac. – Imam malo vremena.

– Ako odmah krenete stići ćete na vreme – kaže mladić. – Za svaki slučaj ponesite lance, mora da je pred Ćavesom gusto.

Muškarac klima glavom i neodređeno mahne u pravcu prodavca karata. Kada je već izašao, žena pođe ka vratima koja su se sama zatvorila.

– Baš bi bila šteta da na kraju promaši, zar ne? – kaže prodavac karata kao da razgovara sa mladićem.

Skoro na vratima žena se okrene i pogleda ga, ali svetlo jedva da dopire do nje i već je teško razaznati da li se još uvek smeška, da li je vrata pri izlasku zalupila ona ili je to vetar koji se digne skoro uvek kada padne mrak.

KORAČANJE PO TRAGOVIMA

Pomalo dosadna hronika, pre stilizovanje vežbe negoli vežbanje stila jednog Henrija Džejmsa koji bi pio mate u bilo kojem dvorištu u Buenos Ajresu ili La Plati iz dvadesetih godina.

Horhe Fraga tek je bio napunio četrdeset godina kada je odlučio da prouči život i delo pesnika Klaudija Romera. Čitava stvar je počela kao kafanska priča, kada su Fraga i njegovi prijatelji još jednom morali priznati da postoji neka neizvesnost koja obavija Romerovu ličnost. Slika o Romeru kao piscu tri knjige koje su ljudi sa strašću čitali i zavideli mu na njima i koje su mu donele prolaznu slavu u godinama posle Stogodišnjice, mešala se sa njegovim maštarijama, patila je od nedostatka sistematične kritike, pa čak i zadovoljavajuće ikonografije. Osim oprezno pohvalnih članaka po časopisima iz onoga doba, i jedne knjige čiji je tvorac bio neki profesor iz Santa Fea pun entuzijazma, za koga liričnost predstavlja zamenu za ideje, niko nije ni pokušao da istraži život ili delo toga pesnika. Poneka anegdota, poneka mutna fotografija; ostalo je bilo legenda prenošena po kafanskim sedeljkama i panegirici u antologijama sumnjivih izdavača. Ali Fraginu pažnju je privuklo to što je još uvek mnogo sveta čitalo Romerove stihove sa istim žarom kao i stihove Evarista Karijega ili Alfonsine Storni. I sam ih je bio otkrio u vreme mature, i uprkos bezbojnom tonu i slikama koje su epigoni istrošili od upotrebe, pesme *platenjskog barda* bile su za njega jedno od presudnih iskustava u mladosti, kao Almafuerte ili Karlos de la Pua. Tek kasnije, kada je već postao poznat kritičar i esejista, dođe mu na um da se ozbiljno pozabavi Romerovim delom, i ubrzo shvati da se o njegovom najličnijem i možda najdubljem značenju gotovo ništa ne zna. Od stihova drugih dobrih pesnika s početka veka stihovi Klaudija Romera razlikovali su se po jednoj naročitoj osobini, po manje naglašenom treperenju što je trenutno osvajalo poverenje mladih, kojima je bilo dosta zvučnih obrta i kitnjastih prizivanja muza. Kada bi o njegovim pesmama razgovarao sa učenicima ili prijateljima, Fraga bi počinjao da se pita nije li u stvari ugled te teško objašnjive poezije neuhvatljivih namera ležao u njenoj tajnovitosti. Na kraju bi se ljutnuo zbog lakoće s kojom se preko neznanja dolazi do divljenja; najzad, poezija Klaudija Romera suviše je velika da bi joj podrobnije upoznavanje sa njenim razvojem naudilo. Izašavši sa nekog od onih kafanskih sastanaka na kojima se o Romeru govorilo sa uobičajenom neodređenošću punom divljenja, osetio je neku vrstu obaveze da počne ozbiljno da radi na tom piscu. Takođe je osetio kako ne bi trebalo da se zadrži tek na nekakvom ogledu koji bi ispitivao samo filološku ili stilističku stranu dela, kakvi su inače bili gotovo svi ogledi koje je do tada napisao. Pojam biografije u najboljem smislu nametnuo mu se od samog početka: čovek, zemlja i delo morali su proisteći iz jednog te istog životnog iskustva, premda je poduhvat izgledao nemoguć u tolikoj magli vremena. Kad prođe kroz etapu katalogizacije moraće da napravi sintezu, da na neverovatan način izazove susret pesnika i tragača; samo takav dodir bi Romerovom delu vratio one njegove najdublje razloge.

U vreme kada se odlučio da počne sa proučavanjem, Fraga je stupao u kritičan trenutak svoga života. Izvestan ugled u akademskim krugovima doneo mu je mesto vanrednog profesora na univerzitetu i poštovanje male grupe čitalaca i učenika. Istovremeno mu je zbog birokratske politike propao skorašnji pokušaj da dobije zvaničnu podršku koja bi mu omogućila rad u nekim evropskim bibliotekama. Njegovi spisi nisu spadali u one koji bi bez kucanja otvarali vrata ministarstava. Romanopisac u modi ili novinski književni kritičar mogli su sebi da dozvole više nego on. Fraga nije previđao činjenicu da bi, u slučaju da njegova knjiga o Romeru doživi uspeh, i najveće teškoće bile rešene same od sebe. Nije bio slavoljubiv, ali ga je ljutilo to što ga gaze piskarala koja su trenutno na glasu. Klaudio Romero se takođe svojevremeno sa ponosom žalio na to da je i običan stihoklepac iz otmenih salona dobijao diplomatsku službu u koju njega nisu primali.

U roku od dve i po godine sakupio je materijale za knjigu. Posao nije bio težak, ali je bio obiman i u nekim slučajevima dosadan. Uključivao je putovanja u Pergamino, Santa Krus i Mendosu, prepiske sa bibliotekarima i arhivarima, ispitivanje zbirki novina i časopisa, upoređivanje tekstova, uporedno proučavanje književnih tokova toga vremena. Krajem 1954. godine ključni elementi knjige bili su sakupljeni i procenjeni, premda Fraga još nije bio napisao ni jednu jedinu reč teksta.

Jedne septembarske noći, dok je ubacivao novu fišu u kutiju od crnog kartona, upitao se da li je u stanju da se poduhvati tog posla. Nisu ga brinule prepreke; baš naprotiv, brinula ga je lakoća s kojom je prolazio kroz dovoljno poznato polje. Podaci su bili tu, i više ništa važno ne bi moglo iskrsnuti iz fioka ili sećanja Argentinaca iz njegovog vremena. Prikupio je naizgled nepoznata obaveštenja i činjenice, koji su upotpunjavali sliku o Klaudiju Romeru i njegovoj poeziji. Jedinu teškoću predstavljalo je to da ne pogreši u izboru predmeta na koji će usredotočiti pažnju, da dobro rasporedi građu i uklopi celinu.

„No, da li je ta slika meni dovoljno jasna?", upitao se Fraga posmatrajući žar cigarete. „Sličnosti između Romera i mene, naša zajednička ljubav prema određenim estetičkim i poetičkim vrednostima, sve one stvari zbog kojih biografov izbor teme postaje sudbinski, sudbonosan, neće li me one više puta nagnati da zapadnem u prikrivenu autobiografiju?

Na to je mogao odgovoriti kako nema nikakvih stvaralačkih sposobnosti, nije on pesnik, nego ljubitelj poezije, njegove se sposobnosti potvrđuju u kritici, u uživanju koje prati saznavanje. Dovoljno je da obrati pažnju, da budno motri na uranjanje u pesnikovo delo, pa će izbeći svako neželjeno pretapanje. Nije bilo razloga za nepoverenje u njegovu naklonost ka Klaudiju Romeru i u oduševljenje njegovim pesmama. Kao u dobrim fotografskim aparatima, trebalo je utvrditi vrednost nužne korekcije kako bi predmet bio tačno ukadriran, a da mu fotografova senka ne padne na stopala.

Sada, kada ga je čekao prvi list bele hartije kao vrata koja će kroz neki trenutak morati da odškrine, ponovo se upitao hoće li biti kadar da knjigu napiše onako kako ju je zamislio. Biografija i kritika mogle su opasno skrenuti najlakšim putem, čim bi počele da se obraćaju onom tipu čitalaca koji od knjige očekuju isto što i od filma ili od Andrea Moroa. Problem se sastojao u tome da se ne žrtvuje taj bezimeni i mnogoljudni potrošač, koga su njegovi prijatelji socijalisti zvali „narod", da bi se udovoljilo erudiciji šačice kolega. Treba pronaći ugao koji bi omogućio da se napiše knjiga što se čita sa oduševljenjem, a ne upasti u zamku recepata za bestseler; istovremeno, osvojiti poštovanje čoveka sa ulice koji hoće da se zabavi u svojoj naslonjači subotom uveče.

Bio je to pomalo faustovski čas, trenutak sklapanja ugovora. Gotovo u zoru, dogorela cigareta, čaša vina u neodlučnoj ruci. *Vino, kao rukavica vremena*, zapisao je negde Klaudio Romero.

„Zašto da ne", reče u sebi Fraga, paleći novu cigaretu. „Uz sve što sada znam o njemu, bilo bi glupo da se zadržim na običnom ogledu u izdanju od trista primeraka. Huares ili Rikardi mogu to da urade podjednako dobro kao i ja. Ali niko ne zna ništa o Suzani Markes."

Jedna aluzija mirovnog sudije iz Bragada, mlađeg brata jednog pokojnog prijatelja Klaudija Romera, uputila ga je na trag. Neko ko je radio u registraturi u La

Plati dao mu je, posle mnogo pretraživanja, jednu adresu u Pilaru. Ćerka Suzane Markes bila je žena od tridesetak godina, mala i prijatna. U početku nije htela da govori, izgovarajući se kako mora da brine o radnji (jednoj piljarnici); potom je dopustila da Fraga uđe u primaću sobu, da sedne na prašnjavu stolicu i postavi joj pitanje. Isprva ga je posmatrala ne odgovarajući mu; zatim se malo zaplakala, obrisala maramicom oči i progovorila o svojoj sirotoj majci. Fragi je bilo teško da joj stavi do znanja kako je već nešto čuo o odnosu između Klaudija Romera i Suzane, ali najzad reče u sebi kako ljubav jednog pesnika zaista vredi venčanog lista, pa nagovesti to prilično obazrivo. Tek što je uspeo da prevali reči preko usana, vide je gde mu prilazi, veoma sigurna, pa čak i uzbuđena. Trenutak kasnije, držao je u rukama jednu izuzetnu, nikada dotad objavljenu Romerovu fotografiju, i drugu, manju i žućkastu, gde se pored pesnika videla jedna žena, isto onako mala i prijatnog izgleda kao i njena ćerka.

– Čuvam i neka pisma – reče Rahela Markes. – Ako mogu da vam posluže, kad kažete da ćete pisati o njemu...

Dugo je tražila, prebirajući po gomili papira koju je izvukla sa neke police za note, pa mu najzad pruži tri pisma koja je Fraga stavio u džep ne pročitavši ih, pošto se prethodno uverio da su pisana Romerovom rukom. Kada je razgovor već dotle došao, bio je ubeđen da Rahela nije pesnikova ćerka, pošto je pri prvom nagoveštaju video kako je oborila glavu i na trenutak ućutala, kao da se premišlja. Zatim je objasnila kako se njena majka kasnije udala za nekog oficira iz Balkarsea („Fanđovog sela", rekla je, skoro kao da je to neki dokaz) i da su oboje umrli kada je ona imala samo osam godina. Veoma se dobro sećala majke, ali oca ne baš mnogo. Da je bio strog čovek – toga se sećala.

Kada se Fraga vratio u Buenos Ajres i pročitao tri Romerova pisma Suzani, poslednji delovi mozaika kao da su iznenada došli na svoje mesto, otkrivajući potpuno neočekivanu celinu, dramu kakvu u svom neznanju i licemerju pesnikova generacija nije mogla ni slutiti. Godine 1917. Romero je objavio niz pesama posvećenih Ireni Pas, među njima i čuvenu *Odu tvom dvostrukom imenu*, koju je kritika proglasila najlepšom ljubavnom pesmom ikada napisanom u Argentini. Godinu dana pre objavljivanja knjige, međutim, druga žena je primila ova pisma, gde je vladao ton koji je najbolje određivao Romerovu poeziju – mešavina zanosa i ravnodušnosti – koja kao da su poticala od nekoga ko je istovremeno pokretač i predmet radnje, protagonista i hor. Pre nego što je pročitao pisma, Fraga je posumnjao da je u pitanju uobičajena ljubavna prepiska, ogledala okrenuta jedno prema drugom u kojima se vide samo njima važni osamljeni i okamenjeni odsjaji. Međutim, u svakom je odeljku iznova otkrivao Romerov svet, bogatstvo sveprožimajućeg viđenja ljubavi. Ne samo što ga strast prema Suzani Markes nije odvajala od sveta, nego su se i u svakom retku osećali damari stvarnosti, koji su davali divovske razmere njegovoj voljenoj, tom opravdanju i zahtevu upućenom poeziji čije je bojno polje u središtu života.

Priča je, sama po sebi, bila jednostavna. Romero je upoznao Suzanu u nekom otrcanom književnom salonu u La Plati, i početak njihove veze poklopio se sa skoro potpunim pesnikovim iščezavanjem sa književne pozornice, koje njegovi lakoumni kritičari ili uopšte nisu objašnjavali, ili su ga pripisivali prvim znacima tuberkuloze koja će ga ubiti dve godine docnije. Za Suzanu niko nije znao, kao što je to i dolikovalo njenom maglovitom liku, njenim krupnim, uplašenim očima koje su nepomično gledale sa stare fotografije. Ona je bila učiteljica bez nameštenja, kći jedinica starih i siromašnih roditelja, bez prijatelja koji bi se za nju mogli zanimati, i njeno istovremeno iščezavanje iz književnih krugova La Plate poklapalo se sa najdramatičnijim razdobljem Evropskog rata, sa zanimanjem publike za druge stvari, sa pojavljivanjem novih književnih glasova. Fraga se mogao smatrati srećnim što je čuo kada ju je seoski mirovni sudija ravnodušno pomenuo; sa tom niti u šaci uspeo je da pronađe turobnu kuću u Bursaku gde su Romero i Suzana živeli skoro dve godine; pisma koja mu je poverila Rahela Markes pisana su krajem tog razdoblja. Prvo, datirano u La Plati, odnosilo se na neku raniju prepisku u kojoj se govorilo o njegovom venčanju sa Suzanom. Pesnik je priznavao da strepi jer oseća da je bolestan, opirao se braku sa nekim ko bi trebalo pre da bude bolničarka nego supruga. Drugo je pismo bilo dostojno divljenja, strast je ustuknula pred svešću o gotovo nepodnošljivoj čistoti, kao da se Romero borio da u svojoj ljubavnici probudi odgovarajuću prisebnost koja bi neizbežni raskid učinila manje mučnim. Jedna rečenica sadržala je u sebi sve to: „Nema potrebe da bilo ko zna za naš život, i ja ti ćutanjem nudim slobodu. Ako budeš slobodna, bićeš još više moja za večnost. Ako bismo se venčali, osećao bih se kao tvoj dželat kad god bi ušla u moju sobu sa cvetom u ruci." I grubo dodaje: „Neću da ti kašljem u lice, neću da mi brišeš znoj. Drugačije si telo poznala, drugačije sam ti ruže davao. Želim da noć posvetim samo sebi, neću dopustiti da me vidiš kako plačem." Treće pismo bilo je vedrije, kao da je Suzana počela da prihvata pesnikovu žrtvu. Na jednom mestu je pisalo: „Uporno ponavljaš kako neodoljivo vladam tobom, kako te primoravam da izvršavaš moju volju... Ali moja volja je tvoja budućnost, dopusti mi da posejem to seme koje će me utešiti zbog glupe smrti."

U hronologiji koju je utvrdio Fraga, život Klaudija Romera je od tog trenutka ušao u razdoblje jednoličnosti, gotovo neprekidnog zatvaranja u roditeljsku kuću. Nijedno drugo svedočanstvo nije pružalo mogućnost za pretpostavku da su se pesnik i Suzana Markes ponovo sreli, premda se ni suprotno nije moglo utvrditi; međutim, najbolji dokaz da je Romerovo odricanje bilo potpuno i da se Suzana, izvesno, na kraju ipak radije odlučila za slobodu nego za zatočeništvo uz bolesnika, predstavljao je uspon nove blistave planete na nebu Romerove poezije. Godinu dana posle ove prepiske i odricanja, jedan časopis iz Buenos Ajresa objavljuje *Odu tvom dvostrukom imenu*, posvećenu Ireni Pas. Romerovo zdravlje se naizgled popravilo i pesma, koju je on lično čitao u nekim salonima, iznenada mu je donela slavu koju je njegovo ranije delo skoro sa izvesnošću pripremilo. Mogao je, kao Bajron, da kaže kako se jednoga jutra probudio i otkrio da je slavan, pa nije propustio da to i izgovori. Ali suprotno očekivanjima, pesnikova strast prema Ireni Pas nije naišla na odgovor, i sudeći prema nizu događaja u određenim društvenim krugovima, koje su dosetljivci iz toga doba protivrečno prepričavali, pesnikov lični ugled brzo je opao, primorao ga da se nanovo povuče u roditeljski dom, udaljavajući se od prijatelja i obožavalaca. Iz tog je vremena njegova poslednja knjiga pesama. Žestok napad jektičavog kašlja snašao ga je nasred ulice, nekoliko meseci kasnije, i tri nedelje potom Romero je umro. Na njegovom pogrebu okupila se grupa pisaca, ali po tonu posmrtnih govora i nekrologa bilo je očigledno da svet kome je pripadala Irena Pas nije bio prisutan, niti je odao poštu kakva bi se mogla očekivati u toj prilici.

Fragi nije bilo teško da shvati kako je Romerova strast prema Ireni Pas morala u jednakoj meri laskati aristokratskom svetu Buenos Ajresa i La Plate i sablažnjavati ga. Nije uspeo da stekne jasnu predstavu o Ireni; o njenoj lepoti obaveštavale su fotografije iz vremena kada je imala dvadeset godina, ali ostalo su bile samo vesti o događajima u visokom društvu. Moglo se zamisliti kako se ona, kao verna naslednica tradicije Pasovih, postavila prema Romeru; mora biti da ga je srela na nekoj od onih književnih sedeljki kakve su njeni organizovali s vremena na vreme da bi slušali one koje su, glasom naznačavajući navodnice, zvali „umetnicima" i „pesnicima" slavnim u tom trenutku. Da li joj je *Oda* polaskala, da li joj je zadivljujuće prizivanje muza na početku kao blesak munje pokazalo istinu jedne strasti koja se bunila protiv svih prepreka, to je možda samo Romero mogao znati, a ni to nije izvesno. Ali tada je Fraga shvatio da je taj problem prestao da bude problem i postao potpuno nevažan. Klaudio Romero bio je isuviše oštrouman da bi makar za trenutak pomislio kako će na njegovu strast biti odgovoreno. Distanca, svakovrsne prepreke, potpuna nepristupačnost Irene, te zatočenice dvostrukog zatvora – porodice i same sebe, vernog ogledala svoje kaste – od samog početka su je učinili nedostižnom. Ton *Ode* bio je nedvosmislen, išao je mnogo dalje od uobičajenih slika ljubavne poezije. Romero je samog sebe nazivao „Ikarom tvojih stopala međnih" – ta slika priuštila mu je podsmeh nekog starog kritičara iz časopisa *Karas i Karetas* – a pesma je značila tek vrhunski skok u pravcu nemogućeg i zato još lepšeg ideala, očajnički uzlet na štihovima put sunca koje će ga spržiti i survati u smrt. Čak su i pesnikovo povlačenje i muk na samom kraju bolno podsećali na faze u padu, žalosnom povratku na zemlju koju se usudio da napusti zbog sna što je premašivao njegove snage.

„Da", pomisli Fraga nalivajući sebi novu čašu vina, „sve se sklapa, sve se slaže; sada to samo treba napisati."

Uspeh *Života jednog argentinskog pesnika* prevazišao je sva očekivanja pisca i izdavača. Prvih nedelja jedva da je bilo komentara, a onda je neočekivano jedan članak u *Rasonu* prenuo Portenjce iz opreznog dremeža i podstakao ih da zauzmu stav; malo je bilo onih koji to nisu hteli da učine. *Sur, Nasion,* i najbolje pokrajinske novine, dočepali su se teme dana koja je odmah osvojila kafanska i ostala dokona ćaskanja. Dve žučne rasprave (o uticaju Rubena Darija na Romera i o jednom pitanju u vezi sa hronologijom) doprinele su zanimanju publike. Prvo izdanje *Života* rasprodato je za dva meseca; drugo, za mesec i po. Prikliješten okolnostima i prednostima koje su mu se nudile, Fraga je pristao na adaptaciju za pozorište i radio. Došao je onaj trenutak kada zanimljivost i novina jednog dela dostižu vrhunac od kojeg se strahuje, jer se za njim već šunja nepoznati naslednik; jamačno u nameri da ispravi nepravdu, Nacionalna nagrada probila se do Frage posredstvom dvojice prijatelja koji su preduhitrili telefonske pozive i kreštavi hor prvih čestitanja. Kroz smeh, Fraga se setio kako Židu dobijanje Nobelove nagrade nije smetalo da te iste večeri ode da gleda jedan Fernandelov film; možda mu je zato bilo zabavno da se skloni u kuću jednog prijatelja i da izbegne prvi nalet lavine kolektivnog oduševljenja, sa smirenošću za koju je i njegov saučesnik u toj prijateljskoj otmici našao da je preterana, pa možda i licemerna. Ali tih je dana Fraga bio zabrinut, u njemu se rađala nekakva želja za samoćom koju nije mogao objasniti, hteo je da ostane po strani od javne predstave o njemu samom, predstave koja se putem fotografije i radija probijala izvan gradskih zidina, dospevala u provincijske krugove i prodirala čak u inostranstvo. Nacionalna nagrada nije predstavljala iznenađenje, jedva je značila nadoknadu. Tek sada će doći ostalo, ono što ga je u stvari podstaklo da napiše *Život*. Nije grešio: nedelju dana kasnije ministar inostranih poslova prima ga u svojoj kući („mi diplomate znamo da dobre pisce ne zanima državni aparat") i predlaže mu službu atašea za kulturu u Evropi. Sve je izgledalo skoro kao neko snoviđenje, bilo je toliko uobičajeno da je Fraga morao prilično da se potrudi kako bi potpuno shvatio svoj uspon na lestvici počasti; stepenik po stepenik, počev od prvih beležaka, izdavačevog osmeha i zagrljaja, poziva u ateneume i književne krugove, već je stigao do odmorišta sa kojeg je, uz mali naklon, mogao dosegnuti čitav svetski književni salon, na alegorijski način ovladati njime između dva zalogaja guščije paštete i Dilana Tomasa, pretresti ga do poslednjeg ćoška, do poslednje bele kravate i poslednjeg krzna od činčile književnih zaštitnika. Nešto dalje – ili nešto bliže, zavisi od tačke gledišta, od trenutnog raspoloženja – video je i ponizno, zaglupljеno mnoštvo gutača časopisa, televizijskih gledalaca i radio-slušalaca, gomile koja se jednoga dana, ne znajući ni kako ni zašto, pokorava obavezi da kupi određenu veš-mašinu ili određeni roman, neki predmet od osamdeset kubnih stopa ili od tri stotine osamnaest stranica, i kupuje ga, odmah, žrtvujući bilo šta, i odnosi kući, gde gospođa i deca željno iščekuju jer komšinica već ima, jer je komentator na Radio Mundu to ponovo hvalio u programu u 11.55. Čudno, ali njegova je knjiga ušla u katalog stvari koje se moraju kupiti i čitati, posle tolikih godina kada su život i delo Klaudija Romera predstavljali samo nekakvu intelektualnu maniju, što će reći – baš ništa. Ali kada je više puta osetio potrebu da ostane sam i razmisli o onome što se događa (bila je to nedelja sastanaka sa filmskim producentima), prvobitna zbunjenost ustuknula je pred nemirnim iščekivanjem nečega nepoznatog. Nije se moglo dogoditi ništa što ga ne bi moglo uzdići za još jednu stepenicu na putu ka uspehu, osim neizbežnog dana kada – kao na baštenskom mostiću – iza poslednjeg stepenika naviše usledi prvi stepenik naniže, časni put ka zasićenju publike i njenom odstupanju u potrazi za novim uzbuđenjima. Kada je bio prinuđen da se osami radi pripreme govora povodom primanja Nacionalne nagrade, spoj vrtoglavih iskustava tih nedelja sveo se na ironično zadovoljstvo zbog poravnanja računa sadržanog u pobedi, zadovoljstvo umanjeno neobjašnjivim nemirom koji je na trenutke izbijao na površinu i pokušavao da ga usmeri ka oblasti prema kojoj su njegovo osećanje za ravnotežu i za humor odbijali da se upute. Mislio je da će mu pripremanje govora iznova pružiti zadovoljstvo u radu, te otide da piše u letnjikovcu Ofelije Fernandes, gde će naći mir. Bio je kraj leta, park se već bojio jesenjim bojama; rado ih je posmatrao sa trema dok je ćaskao sa Ofelijom i milovao pse. U jednoj sobi na prvom spratu čekao ga je materijal za rad; kada je otvorio glavni katalog, prelazeći preko njega rasejano kao pijanista kad prebira po dirkama pred početak koncerta, Fraga reče sebi kako je sve u redu, uprkos neizbežnoj prostoti svakog književnog uspeha na veliko *Život* predstavlja ispravljanje nepravde, odavanje počasti rasi i otadžbini. Mogao je sesti da piše svoj govor, primiti nagradu, pripremiti se za put u Evropu. Datumi i brojke mešali su se u njegovom sećanju sa klauzulama ugovora i pozivima na večeru. Ubrzo će ući Ofelija sa bocom heresa, prići će tiho i pažljivo, posmatraće ga kako radi. Da, sve je u redu. Trebalo je samo uzeti list hartije, usmeriti svetlo, pripaliti cigaru, slušajući kako iz daleka dopire kričanje nekog vivka.

Nikada nije tačno saznao da li je do otkrića došlo u tom trenutku ili kasnije, tek pošto je vodio ljubav sa Ofelijom, dok su pušili ležeći u krevetu i posmatrajući malu zelenu zvezdu kroz gornji deo prozora. Nalet, ako ga je tako mogao nazvati (ali pravo ime ili priroda toga nisu bili važni) magao se poklopiti i sa prvom rečenicom govora pisanog na brzinu sve do trenutka kada ga je iznenada prekinulo, zamenilo, izbrisalo nešto kao vetar koji mu je jednim udarcem oduzeo sav smisao. Ostalo je bilo duga tišina, ali je možda već sve bilo poznato kada je izašao iz sale, poznato i uobličeno, bilo je teško kao glavobolja ili početak gripa. Na neki neuhvatljiv način, u nekom neodređenom trenutku, zbrkani teret i crni vetar rastvorila je izvesnost: *Život* je lažan, povest Klaudija Romera nije imala nikakve veze sa onim što je on napisao. Bez razloga, bez dokaza: sve je pogrešno. Klaudio Romero nije se žrtvovao za Suzanu Markes, nije joj vratio slobodu po cenu odricanja, nije bio Ikar mednih stopala Irene Pas. Kao da pliva pod vodom, nesposoban da ispliva na površinu, šiban tutnjavom vodene struje u ušima, znao je istinu. I to nije bila dovoljna muka; iza, još niže, po vodi koja je već bila blato i đubre, vukla se izvesnost da je to znao od prvog trenutka. Nema vajde od toga što pali novu cigaretu, što misli na neuresteniju, što ljubi tanane usne koje mu je Ofelija pružala u tami. Nema vajde od odgovora kako je preterana posvećenost junaku mogla izazvati to trenutno priviđenje, to odbijanje zbog preteranog predavanja. Osećao je Ofelijinu ruku kako mu miluje prsa, isprekidanu toplinu njenog disanja. Neobjašnjivo je zaspao.

Izjutra je pogledao otvoreni katalog, papire, i učiniše mu se još daljim nego osećanja od prošle noći. Ofelija je dole telefonirala na stanicu kako bi proverila vozni red. U Pilar je stigao oko pola dvanaest, i otišao pravo u piljarnicu. Suzanina ćerka primila ga je s neobičnim izrazom, istovremeno uvređenim i punim divljenja, kao pas kada ga šutnu. Fraga ju je zamolio da mu pokloni pet minuta, i ponovo je ušao u prašnjav salon i seo na istu stolicu sa belom presvlakom. Nije morao mnogo da govori jer je Suzanina kći, pošto je otrla suze, počela da klima glavom, sve više se naginjući napred.

– Da, gospodine, tako je. Jeste, gospodine.
– Zašto mi to odmah niste rekli?

Teško je objasniti zašto mu nije rekla prvi put. Majka ju je zaklela da nikada ne govori o nekim stvarima, a kako se potom udala za podoficira iz Balkarsea, onda... Skoro da je imala nameru da mu piše kada je počelo toliko da se govori o knjizi o Romeru, jer...

Gledala ga je zbunjeno i s vremena na vreme poneka suza bi joj kanula do usta.

– A kako ste saznali? – reče zatim.
– Neka vas to ne brine – reče Fraga – sve se jednom otkrije.
– Ali u knjizi ste pisali toliko drugačije. I ja sam je čitala, znate. Imam je kod kuće.
– Vi ste krivi što je sve toliko drugačije. Ima još Romerovih pisama vašoj majci. Vi ste mi dali ona koja su vam odgovarala, ona koja su davala najlepšu sliku o Romeru, a usput i o vašoj majci. Hoću i ostala, sada, odmah. Dajte mi ih.
– Ima samo još jedno – reče Rahela Markes. – Ali mama me je zaklela, gospodine.
– Ako ga nije spalila znači da joj nije bilo toliko stalo. Dajte mi ga. Kupiću ga.

— Gospodine Fraga, nije to razlog što vam ga ne dajem...

— Uzmite — reče Fraga grubo. — Neće biti da od prodaje tikava možete toliko da zaradite.

Posmatrajući je kako se naginje nad policu za note i pretura po papirima, on pomisli kako je već znao ono što sada zna (možda na drugi način, ali je znao) onoga dana kada je prvi put posetio Rahelu Markes. To ga zaista nije potpuno iznenadilo, i sada je mogao da unazad sudi o sebi i da se pita, na primer, zašto je onako skratio svoj prvi razgovor sa Suzaninom kćeri, zašto je prhvatio tri Romerova pisma kao da su ona jedina, ne tražeći više, ne nudeći ništa u zamenu, ne prodirući u dubinu onoga što je Rahela znala i prećutkivala. „Besmisleno", pomisli. „U tom trenutku nisam mogao znati da je Suzana postala prostitutka Romerovom krivicom." Ali, zašto je onda namerno skratio razgovor sa Rahelom, zašto se pravio da je zadovoljan zbog fotografije i tri pisma. „O, da, znao sam, đavo će ga znati kako, ali sam znao, i knjigu sam napisao znajući to, a možda i čitaoci znaju, i kritika zna, i sve je ogromna laž u koju smo svi do jednog uvučeni..." Ali čovek se lako izvuče ako uopštava, ako prihvati samo mali deo krivice. I to je laž: postojao je jedan jedini krivac, on sam.

Čitanje pisma samo je naknadno utisnulo reči u nešto što je Fraga znao iz drugog ugla i što je pismo kao dokaz moglo tek potkrepiti u slučaju polemike. Kada je maska pala, jedan gotovo surov Klaudio Romero promolio se iza onih odsečnih rečenica čijoj se logici nije moglo prigovoriti. Osuđujući, u stvari, Suzanu na prljavi zanat koji će je uništavati u poslednjim godinama života, i koji se izričito pominje na dva mesta, nametnuo joj je večito ćutanje, odstojanje i mržnju, uz sarkazam i pretnje je gurao ka litici koju je sigurno on sam pripremao tokom dve godine sporog, temeljnog razaranja. Čovek koji je nekoliko nedelja pre toga uživao pišući: „Želim da noć posvetim samo sebi, neću dopustiti da me vidiš kako plačem", ispisivao je sada odeljke pune prljavih aluzija čiji je ishod zacelo zlobno predviđao, dodajući ironične preporuke i savete, besramne oproštaje i izričite pretnje u slučaju da Suzana pokuša ponovo da ga vidi. Fragu više ništa nije iznenađivalo, ali je dugo ostao ramenom oslonjen na prozor u vozu, sa pismom u ruci, kao da se u njemu nešto borilo da se probudi iz nepodnošljivo sporog košmara. „I ovo objašnjava sve ostalo", začu svoje misli. Ostalo je bilo Irena Pas, *Oda tvom dvostrukom imenu*, potonja propast Klaudija Romera. Bez dokaza ili razloga, ali sa mnogo dubljom izvesnošću od one koja je mogla izroniti iz nekog pisma ili svedočanstva, poslednje dve godine Romerovog života sklapale su se, dan za danom, u sećanju — ako je to već nekako trebalo nazvati — onoga ko je u očima putnika u vozu iz Pilara morao biti nekakav podnapiti gospodin. Kada je stigao na stanicu bilo je četiri popodne i počinjala je kiša. Fijaker koji ga je vozio do letnjikovca bio je hladan i mirisao na staru kožu. Koliko je razboritosti bilo pod ponositim čelom Irene Pas, od koliko dugog aristokratskog iskustva poteklo odricanje njenog sveta. Romero je bio kadar da opčini jednu sirotu ženu, ali nije imao Ikarova krila kako je to njegova pesma htela da prikaže. Irena, ili čak ne ni ona, nego njena majka ili braća, odmah su pogodili laktaroške namere, groteskni skok skorojevića koji najpre poriče svoje poreklo, ubijajući ga ako je to nužno (a taj zločin se zvao Suzana Markes, učiteljica). Bio im je dovoljan jedan osmeh, odbijanje jednog poziva, odlazak u letnjikovac, oštro oružje novca i lakeji koji su znali lozinku. Nisu se čak ni potrudili da prisustvuju pesnikovom pogrebu.

Ofelija je čekala na tremu. Fraga joj je rekao kako odmah mora sesti da radi. Kada se našao pred stranicom započetom prethodne noći, sa cigaretom među usnama i neizmernim umorom od kojeg su mu se povijala pleća, on sebi reče kako niko ništa ne zna. Sve je bilo kao i pre nego što je napisao *Život*, on je i dalje držao ključeve. Jedva primetno se nasmešio i počeo da piše govor. Mnogo kasnije je primetio kako je negde usput izgubio Romerovo pismo.

Svako u arhivima buenosajreskih dnevnih listova može pročitati komentare koje je izazvala svečanost dodeljivanja Nacionalne nagrade, gde je Horhe Fraga namerno zbunio i razgnevio dobronamerne ljude kada je sa govornice pročitao potpuno besmislenu verziju života pesnika Klaudija Romera. Jedan novinar ukazao je na to da je Fraga ostavio utisak čoveka kome nije dobro (ali je eufemizam bio jasan) između ostalog i zato što je više puta govorio kao da je on sam Romero, ispravljajući se istog trenutka, da bi odmah potom iznova upao u istu besmislenu grešku. Drugi novinar je pribeležio da je Fraga imao svega nekoliko ispisanih listova na koje jedva da je bacio pogled tokom predavanja, ostavljajući utisak da i on sam sebe prvi put čuje, odobravajući ili ne odobravajući tek izgovorene rečenice, sve dok nije počeo da izaziva rastuće, i konačno nepodnošljivo nezadovoljstvo velikog auditorijuma koji se sakupio sa očiglednom namerom da mu aplaudira. Jedan urednik izveštavao je o žučnoj raspravi između Frage i doktora Hoveljanosa na kraju predavanja, dok je veliki deo publike napustio salu uz prekorne povike, i sa nezadovoljstvom je pisao kako je na poziv doktora Hoveljanosa da iznese ubedljive dokaze za tako strašne tvrdnje koje su bacale ljagu na svetlu uspomenu na Klaudija Romera, govornik slegao ramenima, stavivši na kraju šaku na čelo kao da su traženi dokazi postojali samo u njegovoj mašti, i na kraju ostao nepomičan, zagledan u prazno, daleko od bučnog izlaženja publike koliko i od izazivačkog pljeskanja i čestitanja jedne grupe mladića i šaljivaca koji kao da su bili oduševljeni tako osobenim načinom da se primi Nacionalna nagrada.

Kada se dva časa kasnije Fraga našao u letnjikovcu, Ofelija mu je ćutke pružila dugačak spisak telefonskih poziva, počev od poziva iz Državne Kancelarije, pa sve do nekog brata sa kojim nije govorio. Rasejano je pogledao onaj niz imena, neka od njih podvučena, druga pogrešno napisana. List mu iskliznu iz ruke i pade na prostirku. Ne podigavši ga, on pođe uz stepenice koje su vodile u njegovu radnu sobu.

Mnogo kasnije, Ofelija ga je čula kako korača po sobi. Legla je i pokušala da ne misli. Fragini koraci su se približavali i udaljavali, prekidali se povremeno kao da je na trenutke zastajao kraj pisaćeg stola, proveravajući nešto. Sat kasnije čula ga je kako silazi niz stepenice, prilazi spavaćoj sobi. Ne otvarajući oči, osetila je težinu njegovog tela koje se nauznak sručilo kraj nje. Hladna ruka stisnula je njenu ruku. Ofelija ga u tami poljubi u obraz.

– Jedino što ne razumem – reče Fraga kao da se ne obraća njoj – jeste zbog čega mi je trebalo toliko vremena da shvatim kako sam sve to oduvek znao. Glupo je pretpostaviti da sam ja medijum. Nemam ama baš nikakve veze sa njim.

– Kad bi mogao malo da odspavaš – reče Ofelija.

– Ne, moram to da pronađem. Ima dve stvari: ono što ne razumem, i ono što će početi sutra, ono što je već počelo večeras. Sa mnom je svršeno, razumeš, nikada mi neće oprostiti što sam im tutnuo idola u ruke, a sada ga razbijam u paramparčad. Pogledaj samo kako je sve potpuno glupo, Romero je i dalje najbolji pisac dvadesetih godina. Ali idoli ne mogu imati stopala od blata, i to će mi sutra moje drage kolege reći isto ovako kitnjasto.

– Ali ako si smatrao da ti je dužnost da kažeš istinu...

– Nisam, Ofelija. Uradio sam to, i to je sve. Ili je to neko učinio umesto mene. Odjednom se nije moglo drugačije posle ove noći. Bilo je to jedino što se moglo učiniti.

– Možda bi bilo bolje da si malo sačekao – reče Ofelija bojažljivo. – Tako iznenada, u lice...

Htela je da kaže „ministru", i Fraga je čuo tu reč isto onako jasno kao da ju je izgovorila. Nasmešio se i pomilovao je po ruci. Voda se polako spuštala, nešto još uvek nejasno pokušavalo je da se nametne, da se odredi. Dugo, mučno Ofelijino ćutanje pomoglo mu je da bolje čuje, bolje oseti gledajući u tamu širom otvorenih očiju. Nikada neće razumeti kako to nije znao pre nego što je sve postalo poznato ako i dalje bude poricao da je i sam ništarija, ista onakva ništarija kao Romero. Zamisao o pisanju knjige već je sadržala nameru da se osveti društvu, da pobedi na lak način, da opravda sve ono što je on zasluživao a drugi, prilagodljiviji od njega, oduzimali. Naizgled strogo naučan, *Život* je rođen naoružan svim sredstvima potrebnim da se probije u izloge knjižara. Svaka etapa pobedničkog pohoda čekala je brižljivo pripremana u svakom poglavlju, u svakoj rečenici. Njegovo ironično, gotovo razočarano postepeno prihvatanje tih etapa bilo je samo jedna od mnogih maski toga beščašća. Ispod beznačajnih korica *Života* već su se unapred skrivali radio, televizija, filmovi, Nacionalna nagrada, diplomatska služba u Evropi, novac i laskanja. Samo što je nešto nepredviđeno sačekalo do kraja, pa se tek onda sručilo na brižljivo sagrađenu mašineriju i potpuno je uništilo. Zašto bi on mislio na to nešto, zašto bi strahovao, zašto bi osećao kako ga opseda živi leš.

– Nemam nikakve veze s njim – ponovi Fraga, sklapajući oči. – Ne znam kako se to desilo, Ofelija, ali nemam nikakve veze s njim.

Čuo je kako ona plače u tišini.

– Ali onda je još gore. Kao zaraza pod kožom, toliko vremena skrivena, a onda se iznenada rasprsne i poprska te gnojnom krvlju. Kad god je trebalo da biram, da odlučujem o ponašanju tog čoveka, birao sam naličje, ono što je on želeo da se misli o njemu dok je bio živ. Moj izbor je bio njegov, ta svako bi mogao razabrati drugu istinu u njegovom životu, u njegovim pismima, u onoj poslednjoj godini kada ga je smrt opkolila i ogolila. Nisam želeo to da vidim, nisam želeo da pokažem istinu jer onda, Ofelija, onda Romero ne bi bio ličnost koja mi je bila potrebna kao što je bila potrebna i njemu samom da bi stvorio legendu, da bi...

Zamukao je, ali sve je samo od sebe nastavilo da se sklapa i popunjava. Sada je iz najveće dubine dopro do poistovećenja između sebe i Klaudija Romera, koje nije imalo nikakve veze sa natprirodnim. Braća po farsi, po laži punoj nade u bleštavi uspon, braća po surovom padu koji ih je razorio, uništio. Jasno i jednostavno Fraga je osetio da bi svako poput njega uvek bio Klaudio Romero, da bi svaki Romero od juče, danas uvek bio Horhe Fraga. Baš onako kako se i pribojavao jedne daleke septembarske noći, prikriveno je ispisao sopstvenu biografiju. Dođe mu da se smeje, i istog trena pomisli na pištolj koji je držao u pisaćem stolu.

Nikada nije saznao da li je u tom trenutku ili tek kasnije Ofelija kazala: „Jedino je važno da si im danas rekao istinu." Nije mu palo na um da tako razmišlja, da se iznova priseća gotovo neverovatnog trenutka kada je govorio pred licima koja su postepeno prelazila iz osmeha punog divljenja ili ljubaznosti u strogo mrštenje, u prezrivu grimasu, u ruku dignutu u znak protesta. Ali to je bilo jedino važno, jedino izvesno i neopozivo u čitavoj priči, niko mu nije mogao oduzeti onaj čas kada je odneo istinsku pobedu, izvan svakog privida i njegovih pohlepnih podstrekača. Kada se nadneo nad Ofeliju kako bi je pomilovao po kosi, učinilo mu se kao da je ona pomalo Suzana Markes, i da je njegovo milovanje spasava, zadržava je uz njega. A u isto vreme, Nacionalna nagrada, služba u Evropi i počasti bili su Irena Pas, nešto što je trebalo odbaciti i uništiti ako ne želi da se potpuno utopi u Romera, do kraja bedno poistovećen sa lažnim junakom iz knjige i radio-drame.

Kasnije – noć se polako kretala, sa svojim nebom uskiptalim od zvezda – izmešaše se druge karte u beskonačnom pasijansu nesanice. Jutro bi donelo telefonske pozive, novine, veliki skandal na dva stupca. Učini mu se besmislenim što je na trenutak pomislio da je sve izgubljeno, kada je dovoljno samo malo okretnosti i veštine pa da se utakmica sasvim dobije. Sve je zavisilo od nekoliko sati, od nekoliko razgovora. Ako bi on samo hteo, odbijanje nagrade, neprihvatanje predloga ministarstva mogli su se pretvoriti u vesti koje bi ga bacile u svet velikih svetskih tiraža i prevoda. Ali mogao je i da ostane da leži nauznak u krevetu, da odbija bilo koga da vidi, da mesecima ostane zatvoren u letnjikovcu, nastavi svoja stara filološka istraživanja, ponovo uspostavi svoja najbolja i već skoro zaboravljena prijateljstva. Za šest meseci bi pao u zaborav, na čudesan način zamenio bi ga najtupaviji novinarčić koji bi došao na red na oglasnoj tabli uspeha. Oba puta bila su podjednako jednostavna, podjednako izvesna. Samo je trebalo odlučiti se. I premda se već bio odlučio, nastavio je da razmišlja tek razmišljanja radi, birajući i navodeći razloge za ovaj ili onaj izbor, sve dok svitanje nije počelo da se dotiče prozora, da dodiruje kosu usnule Ofelije, dok drvo u vrtu nije počelo nejasno da se ocrtava, kao budućnost koja se uklapa u sadašnjost, polako postaje sve čvršća, ulazi u svoj dnevni oblik, prihvata ga i brani i osuđuje na jutarnjoj svetlosti.

RUKOPIS NAĐEN U DŽEPU

Sada, kad o tome pišem, drugima bi moglo izgledati kao rulet ili hipodrom, ali ja nisam tražio novac, u nekom trenutku počeo sam da osećam, odlučio sam da mi staklo na prozoru u metrou može doneti odgovor, susret sa srećom, baš tamo gde se sve dešava pod znakom najneumitnijeg raskida, u nekom vremenu pod zemljom koje putovanje od stanice do stanice ocrtava i ograničava sasvim neopozivo ispod. Kažem raskid kako bih bolje razumeo (trebalo je da razumem toliko stvari otkako sam počeo da igram igru) tu nadu u sažimanje, u stapanje koje će mi možda podariti odsjaj na prozorskom staklu. Prevazići raskid koji ljudi kao da ne primećuju mada đavo će ga znati šta misle ti snuždeni ljudi koji se penju u vagone u metrou ili izlaze iz njih, šta još osim prevoza traži taj svet koji se pre ili kasnije popne da bi kasnije ili pre izašao, koji se samo istovremeno nalazi u jednom delu vagona gde je sve unapred odlučeno a da niko ne može znati hoćemo li zajedno izaći, hoću li prvo izaći ja ili onaj mršavi čovek sa papirom uvijenim u trubu, da li će starica u zelenom produžiti do kraja, hoće li ova deca sada izaći, razume se da će izaći kad skupljaju svoje sveske i lenjire, smeju se i začikavaju dok prilaze vratima a tamo u uglu neka devojka se smestila na duže vreme, ostaće još mnogo stanica na sedištu koje je najzad slobodno, ova druga devojka je nepredvidljiva, sasvim uspravno naslonjena sedi na mestu kraj prozora, već je bila tamo kada sam se popeo na stanici Etjen Marsel a neki Crnac ustao je sa stolice preko puta, ona izgleda nikoga nije zanimala pa sam ja uz neko neodređeno izvinjenje uspeo da se provučem između kolena dvoje putnika koji su se nalazili na sedištima sa spoljašnje strane, i tako se našao preko puta Ane i skoro istog trena, pošto sam u metro ušao da još jednom odigram igru, potražio Margaritin profil u odrazu na prozorskom staklu, i pomislio kako je lepa, kako mi se sviđa njena crna kosa sa nečim kao kratko ptičije krilo koje je češljala ukoso preko čela. Nije istina da je Margaritino ili Anino ime došlo posle ili da je to samo način da ih razlikujem sada, dok pišem, o takvim stvarima se odlučivalo u trenutku, tokom igre, hoću da kažem, odsjaj u prozorskom oknu nikako se nije mogao zvati Ana, kao što ni Margarita nije moglo biti ime devojke koja je sedela preko puta ne gledajući me, pogleda izgubljenog u dosadi tokom onog prelaznog vremena u kojem svako kao da proučava neko vidno polje sasvim različito od onoga koje ga okružuje, osim dece, koja upućuju čvrste i otvorene poglede sve do dana kada ih nauče da se i ona smeštaju u međuprostore, da gledaju a da ne vide, uz ono uljudno prelaženje preko svake bliske pojave, svakog opipljivog kontakta, svako u svom mehuriću, svrstani između zagrada, paze da ostane minimum slobodnog prostora između njih i tuđih kolena i laktova, traže utočište u *Frans Soaru* ili u džepnim knjigama, premda skoro uvek kao Ana, pogled sebi nalazi mesto u praznini između svega onoga što se zbilja može gledati, negde u nepristrasnom, glupavom razmaku između mog lica i lica čoveka usredsređenog na *Figaro*. Ali onda Margarita, ako sam nešto mogao predvideti bilo je to da će se Ana u nekom trenutku rasejano okrenuti prozoru i onda će Margarita videti moj odraz, ukrštanje pogleda u slikama na staklu tamo gde mrak iz tunela prostire prigušenu pozadinu od žive, onaj modrikasti ustalasani pliš koji licima uliva život u drugim ravnima, skida im jezivu masku od krede koju stvara gradsko osvetljenje u vagonu, a najviše od svega, o, da, to ona ne bi mogla poreći, najviše od svega Margaritu, i primorava ih da zbilja pogledaju ono drugo lice u staklu pošto u magnovenju dvostrukog pogleda nema cenzure, moj odraz u staklu nije čovek koji sedi preko puta Ane, onaj koga Ana nije smela otvoreno da pogleda u vagonu u metrou, i pritom žena koja je gledala moj odraz više nije bila Ana nego Margarita u trenutku kada je Ana brzo skrenula pogled sa čoveka koji sedi preko puta nje jer nije lepo da ga gleda, okrenula se prema prozorskom staklu i videla moj odraz koji je čekao taj trenutak da bi se jedva primetno, ni drsko ni samouvereno, nasmešio kada se Margaritin pogled spustio na njega kao neka ptica. Zacelo je sve to trajalo samo trenutak, možda malo više jer osetih da je Margarita primetila onaj osmeh na kojem mi je Ana zamerila mada samo jednim pokretom, spuštanjem glave, letimično proveravajući kopču na torbi od crvene kože; skoro s pravom se i dalje smeškam iako me Margarita više ne gleda, jer je Anin pokret takoreći značio optužbu zbog moga smeha, primetila ga je pa više ni ona ni Margarita nisu morale da ga gledaju, pomno usredsređene na pipavi posao oko proveravanja kopče na crvenoj torbi.

Kao onomad sa Paulom (sa Ofelijom) i sa tolikim drugim ženama koje su marljivo proveravale neke kopče, dugmad, časopise, još jednom onaj bunar u kojem su se nada i strah preplitali u paukolikom samrtnom grču, gde je vreme počinjalo da kuca kao drugo srce u damarima igre; Margaritin pogled i moj osmeh, Anin munjeviti uzmak u proučavanje kopče na torbi, bili su prvi deo obreda koji sam odavno započeo nauštrb iole zdravom razumu jer su mi draži najgori razlazi negoli nedotupavne svakodnevne uzročnosti. Tu igru nije teško objasniti ali je igranje značilo borbu naslepo, drhtavu, pihtijastu neizvesnost u kojoj se svaki pravac može pretvoriti u drvo koje se diže u nepredvidljivim smerovima. Plan pariskog metroa svojim mondrijanovskim kosturom, svojim crvenim, žutim, plavim i crnim granama određuje prostranu, a ipak ograničenu površinu od podastrtih lažnih nožica: i to drvo živo je dvadeset časova na svaka dvadeset i četiri, kroz njega protiče uzavreli sok sa tačno utvrđenim odredištima, silazi ka Šatleu ili se penje ka Vožiraru, kod Odeona preseda da bi produžio do La Mot-Pikea – dve, tri stotine, ko zna koliko mogućih kombinacija gde svaka kodirana i programirana ćelija ulazi na jednom mestu toga drveta a izbija na nekom drugom – i izlazi kod Galerija Lafajet da ostavi zavežljaj peškira na trećem spratu u Gej-Lisakovoj.

Moje pravilo igre bilo je manijački jednostavno, lepo, glupo i tiransko: ako bi mi se dopala neka žena, ako bi mi se dopala žena koja sedi preko puta mene, pored prozora, ako bi njen odraz u oknu ukrstio pogled sa mojim odrazom u oknu, ako bi moj osmeh u odrazu u oknu uznemirio, ili ako bi se dopao, ili ako bi izazvao negodovanje odraza žene u oknu, ako bi me Margarita videla kako se osmehujem, a onda Ana pognula glavu i počela pažljivo da proučava kopču na svojoj crvenoj tašni, onda je počinjala igra, sasvim svejedno da li je na osmeh pristajala ili je na njega odgovarala ili prelazila preko njega, prvi deo obreda nije išao dalje od toga, od osmeha koji bi primetila osoba koja bi ga zaslužila. Tada bi počinjao boj u bunaru, pauci u stomaku, čekanje sa klatnom, od stanice do stanice. Sećam se toga da sam se setio onog dana: sada su to bile Margarita i Ana, a nedelju dana ranije Paula i Ofelija, riđokosa devojka beše sišla na jednoj od najgorih stanica, Monparnas-Bjenveni, koja širi svoju smrdljivu hidru do krajnjih mogućnosti neuspeha. Ja sam u kombinaciji imao liniju Port de Vanv i skoro odmah, u prvom hodniku, primetio sam da će Paula (da će Ofelija) krenuti hodnikom koji vodi u pravcu Meri d'Isi. Ništa tu nisam mogao osim da je poslednji put pogledam na raskršću hodnika, da je vidim kako se udaljava i siđem niza stepenice. Takvo je bilo pravilo igre, osmeh u staklu na prozoru i sticanje prava da ženu pratim i beznadežno iščekujem da se njen pravac poklopi sa onim za koji bih se ja odlučio pre svake vožnje; i onda – uvek do sada – da je gledam kako odlazi drugim hodnikom, bez prava da za njom krenem, obavezan da se vratim u gornji svet i uđem u neku kafanu i nastavim svoj život sve dok malo-pomalo, kada prođu sati ili dani ili nedelje, ne nadođe ponovo ona žeđ za mogućnošću da se jednom sve poklopi – žena i prozorsko staklo, prihvaćen ili odbijen osmeh, pravac metroa i tada konačno da, tada konačno pravo da joj priđem i uputim joj prvu reč, tešku od ustajalog vremena, od beskonačnog preganjanja po dnu bunara sa paucima grča.

Sada smo na ulazu u stanicu Sen-Silpis, neko kraj mene ustaje i odlazi, Ana je takođe ostala, sama naspram mene, prestala je da zagleda tašnu i jednom ili dvaput njen se pogled rasejano očešao o mene pre nego što se izgubio na oglasu za termalnu banju koji se ponavlja u sva četiri ugla vagona. Margarita mi više nije upućivala poglede u prozoru ali je to bio dokaz da je uspostavljena veza, njeno potajno bilo; Ana je možda stidljiva, ili joj je naprosto izgledalo besmisleno da prihvati odraz tog lica koje će se Margariti ponovo osmehnuti; osim toga, važno je stići na Sen-Silpis, jer ako je i ostalo još osam stanica do kraja puta ka Port d'Orleanu, samo tri od njih se ukrštaju sa drugim linijama i samo ako bi Ana izašla na jednoj od te tri ostala bi mogućnost da nam se putevi podudare; kada je voz počeo da usporava kod Sen-Plasida, uporno sam gledao u Margaritu tražeći njen pogled koji je Ana i dalje mlitavo spuštala po stvarima u vagonu kao da priznaje da me Margarita više neće pogledati, da nema potrebe da očekujem još neki pogled na odraz koji čeka da joj se nasmeši.

Nije sišla kod Sen-Plasida, shvatio sam to pre nego što je voz počeo da koči, postoji neko putničko pripremanje, naročito kod žena koje nervozno proveravaju pakete, zakopčavaju mantile ili dok se dižu gledaju ustranu, zaobilazeći tuđa kolena baš u trenutku kada gubitak brzine zbilja remeti položaj tela. Ana je neodređeno gledala oglase na stanici, Margaritino lice nestalo je pod svetlošću perona i nisam uspeo da dokučim da li me je još jednom pogledala; sigurno ni moj odraz nije bio vidljiv u toj plimi neona i oglasa sa fotografijama i tela koja ulaze i izlaze. Ako Ana siđe na Monparnas--Bjenveniju, moje su šanse veoma male; morao sam da se setim Paule (Ofelije) tamo gde je četvorostruko ukrštanje mogućnosti najavljivalo mršav ishod predviđanja; a ipak sam onog Paulinog (Ofelijinog) dana bio besmisleno ubeđen da će nam se putevi podudariti, do poslednjeg trenutka išao sam za tom sporom plavokosom ženom odevenom kao u suvo lišće, i njeno skretanje nadesno ošinulo me je po licu kao bič. Zato sada ne Margarita, zbog toga strah, mogao se ponoviti užas Monparnas-Bjenvenija; sećanje na Paulu (Ofeliju), pauci iz bunara protiv sasvim slabog uverenja da će Ana (da će Margarita). Ali ko će protiv one naivnosti koja nam život čini mogućim, gotovo istog trena rekoh u sebi da možda Ana (da možda Margarita) neće sići na Monparnas-Bjenveniju nego na nekoj od ostalih mogućih stanica, da možda neće sići na nekoj od međustanica na kojima nisam smeo da je pratim; da Ana (da Margarita) neće sići na Monparnas-Bjenveniju (nije sišla), da neće sići na Vavenu i nije sišla, da će možda sići na Raspaju koji je bio prva od preostale dve; i kada nije sišla, kada sam shvatio da ostaje samo još jedna stanica gde bih mogao poći za njom, nasuprot tri potonje kada bi već ionako bilo svejedno, ponovo potražih Margaritine oči na prozorskom staklu, doviknuh joj iz tišine i nepomičnosti koje su do nje morale dopreti kao zov, kao nalet talasa, nasmeših joj se osmehom koji Ana više nije mogla prenebregnuti i koji je Margarita morala prihvatiti iako nije gledala u moj odraz šiban čkiljavim svetlima u tunelu koji vodi do Danfer-Rošroa. Možda je prvi udar kočnica zatresao crvenu tašnu na Aninom krilu, možda joj je samo dosada pomerila ruku ka crnom pramenu na čelu; u te tri-četiri sekunde koliko je voz već stajao na peronu, pauci zabiše svoje kandže u kožu bunara da me još jednom pobede iznutra; kada Ana ustade u samo jednom polulučnom okretu, kada je videh s leđa među ostalim putnicima, čini mi se da sam još jednom besmisleno potražio Margaritino lice u staklu zasenjenom svetlima i pokretima. Izađoh gotovo nesvesno, kao pokorna senka onog tela koje je izlazilo na peron, sve dok se ne probudih u onome što će se desiti, u onom konačnom dvostrukom izboru čije je ispunjenje neopozivo.

Mislim da je jasno, Ana (Margarita) će krenuti onim putem kojim ide svakodnevno ili koji joj odgovara, dok sam ja pre nego što sam ušao u metro odlučio da će, uđe li neko u igru i siđe na Danfer-Rošrou, moj izbor biti linija Nasion – Etoal, baš kao što bih, da je Ana (da je Margarita) sišla na Šatleu, mogao da je pratim samo u slučaju ako bi nastavila linijom Vensen – Neji. U poslednjem delu obreda igra bi bila izgubljena ako bi Ana (ako bi Margarita) krenula prema Linj de So ili izašla pravo na ulicu; odmah, istog časa, jer na toj stanici nema beskrajnih hodnika kao na drugim mestima, i stepenice brzo vode do cilja, do onoga što se u prevoznim sredstvima takođe zove cilj. Gledao sam je kako se kreće među ljudima, njena crvena tašna kao klatno na nekoj igrački, isteže vrat u potrazi za putokazima, okleva na trenutak pre nego što skrene levo; ali levo je bio izlaz koji vodi na ulicu.

Ne znam kako ovo da kažem, pauci su previše grizli, u prvi mah nisam varao, jednostavno sam produžio za njom da bih potom možda pristao, pustio je da ode u bilo kojem pravcu tamo gore; nasred stepeništa shvatih da nije tako, da pauke mogu ubiti samo još ako već jednom prekršim taj zakon. Grčevi koji su me stezali u trenutku kada je Ana (kada je Margarita) počela da se penje zabranjenim stepeništem iznenada su popustili pred sanjivom lenošću, pred bezbroj usporenih stepenika; odbijao sam da mislim, dovoljno je bilo to što sam znao da je i dalje vidim, da se crvena tašna penje ka ulici, da joj pri svakom koraku crna kosa poskakuje na plećima.

Već je bila noć i vazduh je bio leden, sa ponekom snežnom pahuljicom između naleta vetra i susnežice; znam da se Ana (da se Margarita) nije uplašila kada sam se našao pored nje i rekao joj: „Ne možemo se ovako rastati, pre nego što smo se uopšte sreli."

Kasnije u kafani već je to bila samo Ana, dok se Margaritin odraz povlačio pred stvarnošću sazdanom od ćincana i reči, kaže, ništa ne razume, zove se Mari Klod, bilo joj je neprijatno zbog mog osmeha u odrazu, na trenutak je pomislila da ustane i promeni sedište, nije me videla kako je pratim i na ulici se nije uplašila, sasvim protivrečno, gledajući me u oči, pijući svoj ćincano, osmehujući se bez stida zbog svog osmeha, zbog toga što je gotovo istog trenutka pristala na moj prepad nasred ulice. U tom času sreće što je bio kao ležanje na talasima, kao prepuštanje nekom lebdenju punom topola, nisam joj mogao reći ono što bi ona shvatila kao ludost ili maniju i što je to i bilo ali na drugi način, na drugim obalama života; govorio sam joj o njenom čuperku, o crvenoj tašni, o načinu na koji je gledala oglase za banju, govorio joj kako joj se nisam nasmešio iz donžuanizma ili iz dosade nego da bih joj dao cvet koji nisam imao, znak da mi se dopada, da mi prija, da vožnja naspram nje, da nova cigareta i još jedan ćincano.

Ni na trenutak se nismo preterano zaneli, razgovarali smo kao da se već poznajemo i da smo već prihvatili jedno drugo, gledali smo se ne nanoseći jedno drugom bol, čini mi se da me je Mari Klod puštala da joj priđem i da budem kraj nje kao što bi možda Margarita odgovorila na moj osmeh na staklu da se nije isprečilo toliko prethodnih kalupa, toliko puta ne smeš da odgovaraš ako ti se obrate na ulici ili ti daju bombone i hoće da te vode u bioskop, sve dok Mari Klod, sada već oslobođena od mog osmeha za Margaritu, Mari Klod na ulici i u kafani najzad misli da je to bio dobar osmeh, da se nepoznati tamo dole nije osmehnuo Margariti samo da bi ispitao drugi teren, besmisleni način na koji sam joj prišao jedini je imao nekog smisla, jedini razlog da se odluči za, možemo da popijemo po čašicu i da proćaskamo u kafani.

Ne sećam se šta sam joj mogao ispričati o sebi, možda sve osim igre, ali onda tako malo, u jednom trenutku smo se nasmejali, neko se prvi našalio, otkrili smo da volimo iste cigarete i Katrin Denev, dopustila mi je da je otpratim do kapije, drugarski mi pružila ruku i pristala na istu kafanu u isto vreme u utorak. Sedoh u taksi da se vratim u svoj kraj, prvi put u samom sebi kao u nekoj neverovatnoj stranoj zemlji, ponavljajući da jeste, da Mari Klod, da Danfer-Rošro, stiskajući očne kapke kako bih bolje sačuvao njenu crnu kosu, način na koji nakrivi glavu pre nego što progovori, pre nego što se nasmeši. Bili smo tačni i prepričavali jedno drugom filmove, pričali o poslu, utvrdili delimična ideološka razilaženja, ona me je i dalje prihvatala kao da joj je čudesno dovoljna ta sadašnjost bez razloga, bez pitanja; nije ni primetila da bi svaka budala pomislila da je laka ili glupa ženska; povinovala se čak i tome što nisam tražio da delimo istu klupicu u kafani, što joj u ulici Froadevo nisam prebacio ruku preko ramena kao prvi znak prisnosti, što, znajući da je skoro sama – mlađa sestra, često odsutna iz stana na četvrtom spratu – nisam tražio da se popnem. Ako nešto nije mogla da nasluti to su onda bili pauci, sastali smo se tri-četiri puta a da oni nisu grizli, pritajeni u bunaru sve do dana kada sam saznao, kao da i onako sve vreme nisam znao, ali utorci, dolasci u kafanu, zamišljanje kako je Mari Klod već tamo ili posmatranje njenog lakonogog ulaska, njeno neprestano crnokoso pojavljivanje koje se naivno borilo protiv ponovo budnih pauka, protiv kršenja pravila igre koje je jedino ona mogla opravdati samim tim što bi mi pružila svoju malenu toplu ruku, samim čuperkom koji joj je padao na čelo. U jednom trenutku zacelo je shvatila, zastala je gledajući me ćutke, u iščekivanju, najzad me je morao odati napor da produžim primirje, da ne priznam da se, malo-pomalo, vraćaju uprkos Mari Klod, protiv Mari Klod koja nije mogla razumeti, koja me je i dalje gledala ćutke, u iščekivanju; piti i pušiti i govoriti joj, braneći do kraja slatki međuprostor bez pauka, upoznavati njen jednostavan život kuća posao sestra studentkinja i alergije, toliko želeti taj crni čuperak na čelu, želeti je kao cilj i sudbinu, kao zaista poslednju stanicu poslednjeg metroa u životu, a onda bunar, rastojanje od moje stolice do te klupice na kojoj bismo se ljubili, na kojoj bi moja usta upila prvi miris Mari Klod pre nego što bih je zagrljenu odveo kući, pa bismo se popeli uz stepenice i najzad skinuli toliku odeću i toliko čekanje.

Onda joj rekoh, sećam se da je to bilo kraj grobljanske ograde i da se Mari Klod naslonila na nju i pustila me da pričam sakrivši lice u toplu mahovinu svog kaputa, sam đavo će znati da li je moj glas dopro do nje svakom svojom rečju, da li je ona mogla razumeti; sve sam joj rekao, svaku pojedinost igre, neverovatnoću koju potvrđuju tolike Paule (tolike Ofelije) izgubljene u dnu hodnika, uvek pauci na kraju. Plakala je, osećao sam kako drhti uz mene iako me je i dalje grejala, podupirala me čitavim telom oslonjenim na zid mrtvih; ništa me nije pitala, nije želela da sazna zašto i od kada, ne pade joj na um da se bori protiv mašine navijene da čitav život ide uz dlaku i sebi i gradu i njegovim lozinkama, samo plač kao u ranjene životinjice, nejako opiranje pobedi igre, besomučnom plesu pauka u bunaru.

Pred kućnom kapijom joj rekoh da nije sve izgubljeno, da od oboje zavisi hoćemo li pokušati da se sretnemo na dozvoljen način; sada zna pravila igre, možda će nam ići naruku pošto i nećemo raditi ništa drugo osim što ćemo se tražiti. Reče mi da može zatražiti petnaest slobodnih dana, voziti se noseći sa sobom knjigu da bi vreme bilo manje vlažno i neblagonaklono u donjem svetu, prelaziti sa jedne linije na drugu, čekati me čitajući, gledajući oglase. Nismo želeli da mislimo na neverovatnoću, da ćemo se možda naći u nekom metrou ali da to nije dovoljno, da se ovoga puta nije moglo izneveriti ono što je unapred utvrđeno; zamolih je da ne misli, da pusti metro neka juri, da nikada ne plače tokom te dve nedelje dok je ja budem tražio; prećutno se podrazumevalo, ako istekne rok a mi se ne sretnemo, ili se samo vidimo i gledamo dok nas dva različita hodnika ne razdvoje, besmisleno je svako vraćanje u kafanu, pred njena vrata. U podnožju onog zapuštenog stepeništa koje je jedna narandžasta svetiljka lagano prostirala uvis, prema slici Mari Klod u njenom stanu, među njenim nameštajem, nage i usnule, poljubih je u kosu, pomilovah je po rukama; ona nije potražila moja usta, odmakla se i ja sam je video s leđa, penjala se uz još jedne od tolikih stepenica koje su ih odnosile a da ja nisam mogao poći za njima; vratih se kući pešice, bez pauka, prazan i ispran za novo čekanje; sad mi nisu mogli ništa, igra će ponovo početi kao i toliko puta ranije ali samo sa Mari Klod, u ponedeljak ući na stanici Kuron izjutra, izaći kod Maks Dormoa u pola noći, u utorak ući kod Krimea, u sredu kod Filip-Ogista, strogo pravilo igre, petnaest stanica od kojih su četiri povezane sa drugim linijama, i onda na prvoj od te četiri znam da moram nastaviti linijom Sevr – Montrej, kao što bi na drugoj trebalo da pređem na Kliši – Port Dofin, svaka ruta izabrana bez posebnog razloga jer razloga nije ni moglo biti, Mari Klod je možda ušla u blizini svoje kuće, na Danfer-Rošrou ili Korvizaru, presešće kod Pastera da bi nastavila ka Falgjeru, mondrijanovsko drvo sa svojim sasušenim granama, slučajnost crvenih, plavih, belih, tačkastih iskušenja; četvrtak, petak, subota. Sa ko zna kog perona ću gledati vozove, sedam ili osam vagona koji mi dopuštaju da ih razgledam dok prolaze sve sporije i sporije, pa ću otrčati do kraja i ući u neki vagon bez Mari Klod, sići na sledećoj stanici i sačekati drugi voz, produžiti do prve stanice na kojoj ću preći na drugu liniju, gledati kako stižu vagoni bez Mari Klod, propustiti jedan ili dva voza, ući u treći, nastaviti do poslednje stanice, vratiti se na stanicu sa koje mogu preći na drugu liniju, odlučiti da ću ući tek u četvrti voz, napustiti potragu, izaći gore i ručati, skoro istog časa se vratiti natrag sa gorkom cigaretom i sedeti na klupi dok ne stigne drugi, dok ne stigne peti voz. Ponedeljak, utorak, sreda, četvrtak, bez pauka, jer još uvek sam čekao, jer još uvek čekam na klupi u stanici Šmen Ver, sa beležnicom koju ruka ispunjava ne bi li izmislila za sebe neko vreme koje neće biti samo ova beskrajna vetrušina koja me nosi ka suboti kada će se možda sve završiti, kada ću se vratiti sam i osetiti kako se bude i grizu, njihove pobesnele štipaljke tražiće od mene novu igru, drugu Mari Klod, druge Paule, posle svakog neuspeha ponovo rakoliko prezapočinjanje. Ali sada je četvrtak, ovo je stanica Šmen Ver, napolju pada mrak, još uvek se može zamisliti bilo šta, čak možda i ne mora izgledati preterano neverovatno da ona bude u drugom vozu, u četvrtom vagonu, da Mari Klod bude na nekom sedištu kraj prozora, da vidi i ustane uz povik koji niko osim mene ne može čuti tako posred lica, trk i skok u prepun vagon, guranje razljućenih putnika, mrmljanje izvinjenja koje niko ne očekuje i ne prihvata, stajanje naspram dvostrukog sedišta koje su zaposele noge i kišobrani i zavežljaji, Mari Klod u svom sivom kaputu kraj prozora, crni čuperak podrhtava od naglog pokreta voza kao što joj drhte ruke na krilu u bezglasnom prizivanju, u iščekivanju onoga što će se sada desiti. Nema potrebe da razgovaramo, ništa se ne može reći preko neumoljivog i nepoverljivog bedema od lica i kišobrana između Mari Klod i mene; ostaju još tri stanice koje se ukrštaju sa drugim linijama, Mari Klod mora odabrati jednu od njih, preći preko perona, produžiti jednim od hodnika ili potražiti stepenište ka izlazu, tuđe mom izboru koji ovoga puta neću izneveriti. Voz ulazi u stanicu Bastilja i Mari Klod je i dalje tu, svet izlazi i ulazi, neko je ispraznio mesto pored nje ali ja ne prilazim, ne mogu tamo da sednem, ne mogu da drhtim pored nje kao što zacelo drhti ona. Sada dolaze Ledri-Rolen i Froaderb-Šalinji, na tim stanicama koje ne vode ka drugim linijama Mari Klod zna da je ne mogu pratiti i ne pomera se, igra se mora završiti na Reji-Didrou ili Domeznilu;

dok voz ulazi u Reji-Didro skrećem pogled, ne želim da sazna, ne želim da dokuči da nije ovde. Kada voz krene, vidim da se nije ni makla, ostaje nam još poslednja nada, na Domeznilu postoji samo jedna kombinacija i izlaz na ulicu, crveno ili crno, da ili ne. Onda se pogledasmo, Mari Klod je podigla glavu da bi me otvoreno pogledala, iz sve snage sam stegao čeličnu šipku kraj sedišta i ona me je i dalje gledala, isto onako bez kapi krvi kakvo je i lice koje ja vidim, prebledelo lice Mari Klod koja steže crvenu tašnu, koja će učiniti prvi pokret kako bi ustala dok voz ulazi u stanicu Domeznil.

LETO

U predvečerje je Florensio sišao sa malom do kolibe, spustivši se niz stazu prekrivenu rupčagama i kamenjem kojom su samo Marijano i Sulma smeli da prođu u džipu. Sulma im otvori vrata, i Florensiju se učini da joj oči izgledaju kao da je seckala luk. Marijano dođe iz druge sobe, pozva ih da uđu, ali je Florensio samo hteo da ih zamoli da pričuvaju malu do sledećeg jutra pošto mora do obale nekakvim neodložnim poslom, a u selu nema koga da zamoli za tu uslugu. Naravno, reče Sulma, slobodno je ostavi, razmestićemo joj krevet ovde dole. Svratite na čašicu, navaljivao je Marijano, samo pet minuta, ali Florensio je ostavio auto na seoskom trgu i morao je odmah da nastavi put; on im se zahvali, poljubi ćerkicu koja je već bila otkrila gomilu časopisa na hoklici; kada se vrata zatvoriše, Sulma i Marijano se pogledaše gotovo upitno, kao da se sve to desilo suviše naglo. Marijano sleže ramenima i vrati se u radionicu u kojoj je lepio neku staru naslonjaču; Sulma upita malu da li je gladna, predloži joj da se zabavi časopisima, u ostavi ima nekakva lopta i mreža za leptire; mala se zahvali i poče da razgleda časopise; Sulma je pogleda na trenutak, dok je spremala artičoke za večeru, pa pomisli da je može ostaviti samu da se igra.

Na jugu se već rano smrkavalo, ostalo im je svega mesec dana do povratka u prestonicu, do ulaska u onaj drugi, zimski život koji je uvek na kraju krajeva bio jedno te isto bitisanje, zajednički život na odstojanju, ljubazno prijateljstvo, poštovanje i izvršavanje mnogobrojnih sitnih delikatnih konvencionalnih bračnih ceremonija, kao sada kad je Marijanu bila potrebna jedna od plotni da bi zagrejao limenku s lepkom pa je Sulma skinula s vatre šerpu sa krompirima uz napomenu da će ih kasnije dokuvati, a Marijano se zahvalio – naslonjača je već skoro gotova, bolje da je celu zalepi odjedanput, ma naravno, samo je ti ugrej. Mala je listala časopise u dnu velike prostorije koja je služila kao kuhinja i trpezarija, Marijano za nju potraži karamele u ostavi; bilo je vreme da se izađe u vrt i popije po čašica dok gledaju zalazak sunca za brdima; puteljkom nikada niko nije prolazio, prva seoska kuća jedva se nazirala sasvim visoko gore; pred njima se padina spuštala do nakraj već mračne doline. Slobodno sipaj, odmah dolazim, reče Sulma. Sve se ispunjavalo u ciklusima, svaka stvar u svoje vreme i utvrđeno vreme za svaku stvar, izuzev male koja je unekoliko poremetila shemu; hoklica i čaša mleka za nju, milovanje po kosi i pohvale za lepo ponašanje. Cigarete, lastavice koje se u grozdovima skupljaju na brvnari; sve se ponavljalo, uklapalo, mora biti da je naslonjača već skoro suva, dobro pričvršćena, baš kao taj novi dan u kome nije bilo ničega novog. Beznačajnu razliku je tog popodneva predstavljala mala, kao što bi poštar ponekad znao da ih o podnevu na tren izvuče iz samoće pismom za Marijana ili Sulmu koje bi primalac uzeo i sklonio ne izustivši ni reči. Još jedan mesec predvidljivih ponavljanja, kao uvežbavanje nekog komada, pa će ih džip natovaren do vrha vratiti u stan u prestonici, u život koji je samo još jedan od kalupa, Sulmina grupa i Marijanovi prijatelji slikari, popodneva u kupovini za nju i noći po kafanama za Marijana, odvojeni odlasci i dolasci, premda se mora priznati da su se uvek susretali radi obavljanja obreda u kojima su se ukalapli kao šarke, jutarnjeg poljupca i neutralnih zajedničkih programa, kao sada kad je Marijano nudio Sulmi još jednu čašu a Sulma je prihvatala pogleda izgubljenog u najudaljenijim brdima, sada već tamnoljubičastim.

Šta bi volela za večeru, mala. Šta god vi hoćete, gospođo. Možda ne voli artičoke, reče Marijano. O, baš volim, reče mala, sa uljem i sirćetom ali samo malo soli zato što peče. Nasmejaše se, za nju će napraviti poseban začin. A kuvana jaja, kako joj se to sviđa. Sa kašičicom, reče mala. I samo malo soli zato što peče, našali se Marijano. So strašno peče, kaže mala, ja svojoj lutki dajem pire bez soli, danas je nisam donela pošto se tata žurio i nije mi dao. Biće lepa noć, pomisli Sulma naglas, vidi kako je bistar vazduh na severu. Da, neće biti velika vrućina, reče Marijano unoseći naslonjače u salon u prizemlju, paleći lampe pored staklenih vrata koja gledaju na dolinu. Mahinalno uključi radio. Nikson će putovati u Peking, ma šta kažeš, reče Marijano. Niko se više Boga ne boji, reče Sulma, pa istovremeno prsnuše u smeh. Mala se zadubila u časopise, obeležavala je stranice sa stripovima kao da će ih dvaput čitati.

Noć stiže uz insekticid koji je Marijano prskao po spavaćoj sobi na spratu i miris luka koji je Sulma seckala pevušeći uz radio neku pop-pesmicu. Usred večere mala zadrema nad kuvanim jajetom; šalili su se s njom, podsticali je da završi obed; Marijano joj je već bio spremio poljski krevet sa gumenim dušekom u najudaljenijem uglu kuhinje kako joj ne bi smetali ako ostanu malo duže u salonu u prizemlju, da slušaju ploče ili čitaju. Mala pojede svoju breskvu i priznade da joj se spava. Lezi, dušo, znaš već, ako ti se piški samo se popni, ostavićemo ti upaljeno svetlo na stepeništu. Mala ih poljubi u obraz, već živa zaspala, ali pre nego što leže izabra jedan časopis i stavi ga pod jastuk. Neverovatni su, kakav nedostupan svet, a kad samo pomislim da je to bio i naš svet, svih nas. Možda i nije tako različit, reče Sulma dok je raspremala sto, i ti imaš svoje bubice, flašice s kolonjskom vodom sleva i žilet zdesna, a o meni i da ne govorimo. Ali nisu to bubice, pomisli Marijano, to je pre odgovor na smrt i na ništavilo, stavljanje stvari i vremena na određeno mesto, uvođenje obreda i prolaza, protivljenje neredu punom rupa i tamnih mesta. Samo to više nije govorio naglas, izgleda da je sve manje imao potrebu da razgovara sa Sulmom, a ni Sulma nije govorila ništa što bi zahtevalo nekakavu razmenu misli. Donesi džezvu, šoljice sam već stavila na klupu kraj kamina. Vidi da li još ima šećera u dozni, u ostavi je jedna neotvorena kutija. Ne mogu da nađem otvarač, ova boca rakije lepo izgleda, šta kažeš. Da, lepa boja. Kad se već penješ, ponesi cigarete koje sam ostavila na komodi. Stvarno je dobra ova rakija. Ne čini li ti se da je vrućina. Da, nekako je teško, bolje da ne otvaramo prozore, kuća će se napuniti leptirima i komarcima.

Kada je Sulma čula prvi šum, Marijano je u gomili ploča tražio jednu Betovenovu sonatu koju tog leta nije slušao. Ruka mu ostade u vazduhu, on pogleda Sulmu. Nekakav šum, kao na kamenom stepeništu u bašti, ali niko u ovo doba nije svraćao u brvnaru, niko nikada nije dolazio noću. Upalio je sijalicu u kuhinji koja je osvetljavala najbliži deo vrta, nije video ništa, pa ju je ugasio. Neki pas traži hranu, reče Sulma. Zvučalo je čudno, skoro kao rzanje, reče Marijano. Kraj prozora blesnu ogromna bela mrlja, Sulma prigušeno kriknu, Marijano, okrenut leđima, pogleda suviše kasno, u staklu su se ogledale samo slike i nameštaj iz salona. Nije imao vremena da postavlja pitanja, rzanje odjeknu tik uza severni zid, frktanje prigušeno kao krik Sulme koja je stavila šaku preko usta, priljubljena uza zid u dnu, zureći u veliki prozor. To je konj, reče Marijano, s nevericom, zvuči kao konj, čuo sam kopita, galopira kroz vrt. Griva, gubica kao zakrvavljena, ogromna bela glava češala se o prozor, konj jedva da ih je pogledao, bela mrlja iščeznu nadesno, ponovo začuše topot kopita, iznenadna tišina na kamenim stepenicama, rzanje, trk. Ali ovde nema konja, reče Marijano koji je bio dohvatio bocu s rakijom za grlić pre nego što je shvatio šta radi i vratio je na klupu. Hoće da uđe, reče Sulma, prikovana uza zid u dnu. Ma ne, gluposti, sigurno je pobegao sa nekog salaša u dolini i došao privučen svetlošću. Kažem ti, hoće da uđe, pobesneo je i hoće da uđe. Konji ne besne, koliko ja znam, reče Marijano, čini mi se da je otišao, idem da pogledam kroz prozor na spratu. Ne, ne, ostani ovde, još ga čujem ne stepeništu na terasi, gazi cveće, vratiće se, a ako polomi staklo i uđe. Ne budi luda, šta će da polomi, reče Marijano neubedljivo, možda će otići ako ugasimo svetlo. Ne znam, ne znam, reče Sulma klizeći naniže sve dok ne sede na hoklicu, slušaj kako rza, tamo je gore. Začuše kopita kako silaze niz stepenište, ljutito dahtanje iza vrata. Marijanu se učini da čuje nešto kao navaljivanje na vrata, kao češanje, i Sulma polete prema njemu vičući histerično. Odgurnuo ju je bez grubosti, pružio ruku ka prekidaču; u pomrčini (ostalo je upaljeno svetlo u kuhinji, gde je spavala mala) rzanje i topot kopita postadoše još glasniji, ali konj više nije bio pred vratima, čulo se kako ide tamo-amo po vrtu. Marijano otrča da ugasi svetlo u kuhinji i ne obazrevši se na onaj ćošak gde je ležala mala; vrati se da zagrli Sulmu koja je jecala, pomilova je po kosi i licu moleći je da se umiri kako bi mogli bolje da čuju. Glava konja se, ne previše jako, otre o veliko staklo na vratima, bela mrlja je u tami izgledala providna; osetiše kako konj gleda unutra kao da nešto traži, iako više nije mogao da ih vidi i dalje je bio tu, rzao je i dahtao, iznenada se stresajući celim telom. Sulmino telo skliznu na Marijanove ruke, on joj pomože da opet sedne na hoklicu, prislanjajući je uza zid. Ne miči se, ne govori ništa, sad će da ode, videćeš. Hoće da uđe, reče Sulma slabim glasom, znam, hoće da uđe, a ako razbije prozor, šta će biti ako ga razbije kopitom. Pst, reče Marijano, molim te, ćuti. Ući će, promrmlja Sulma. A nemam ni pušku, reče Marijano, sručio bih mu pet zrna u glavu, kučkinom sinu. Nije više tu, reče Sulma ustavši iznenada, čujem ga gore, ako vidi vrata na terasi može da uđe. Dobro su zatvorena, ne boj se, promisli malo, u mraku neće ući u kuću u kojoj ne bi mogao ni da se pomeri, ne budi luda. O, hoće, reče Sulma, hoće da uđe, napraviće od nas fleke na zidu, znam, hoće da uđe. Pst, ponovi Marijano, koji je mislio isto što i ona, koji nije mogao ništa drugo nego da čeka leđa oblivenih hladnim znojem. Kopita još jednom odjeknuše po kamenim pločama stepeništa, iznenada tišina, cvrčci u daljini, neka ptica u leski, tamo gore.

Ne paleći svetlo, sad kada su zastakljena vrata propuštala mutnu noćnu svetlost, Marijano napuni čašu rakijom i prisloni je Sulmi uz usne, terajući je da pije iako su joj zubi cvokotali pored ivice čaše a alkohol se prosipao po bluzi; zatim i sam dobro potegnu iz boce i pođe u kuhinju da pogleda malu. Zavukavši ručice pod jastuk kao da čuva dragoceni časopis spavala je najdubljim snom i ništa nije čula, jedva se i videlo da je tu, dok je u salonu Sulmin plač svako malo prekidao prigušen jecaj, skoro jauk. Prošlo je, sad je prošlo, reče Marijano sedajući naspram nje i blago je drmusajući, samo si se uplašila. Vratiće se, reče Sulma, pogleda prikovanog za staklena vrata. Neće, već je daleko, sigurno je pobegao iz nekog stada odozdo. Nijedan konj to ne radi, reče Sulma, nijedan konj neće tek tako da uđe u kuću. Priznajem da je čudno, reče Marijano, bolje da bacimo pogled napolje, evo imam lampu. Ali se Sulma pribila uza zid, kakva zamisao, otvarati vrata, izaći u susret beloj senci koja je mogla biti blizu, mogla je vrebati iza drveća, spremna za napad. Vidi, ako se ne uverimo da je otišao, ove noći niko neće spavati, reče Marijano. Ostavimo mu još malo vremena, dotle ti lezi a ja ću ti dati nešto za smirenje; ekstra dozu, sirotice moja, zaslužila si i više od toga.

Sulma najzad bezvoljno pristade; ne paleći svetlo, krenuše ka stepeništu i Marijano rukom pokaza na malu koja je spavala, ali Sulma jedva da ju je i pogledala, posrtala je penjući se uz stepenice, Marijano je morao da je pridržava dok nije ušla u spavaću sobu, pošto se umalo nije udarila u dovratak. Sa prozora koji je gledao na nadstrešnicu osmotriše kameno stepenište, terasu koja se uzdizala nad vrtom. Vidiš, otišao je, reče Marijano nameštajući Sulmi jastuk, posmatrajući je kako se svlači mehaničkim pokretima, kako odsutno zuri u prozor. Dade joj da popije kapi, obrisa joj vrat i ruke kolonjskom vodom, nežno podiže čaršav do ramena Sulme koja je drhtala sklopljenih očiju. Obrisa joj suze, sačeka malo, pa siđe da potraži fenjer; noseći ugašen fenjer u jednoj ruci i sekiru u drugoj, mic po mic on odškrinu vrata salona i izađe na donju terasu, odakle je pogledom mogao da obuhvati čitavu istočnu stranu kuće; noć je bila ista kao i tolike letnje noći, zrikavci su zrikali u daljini, iz neke žabe su naizmenično kapale dve različite kapi zvuka. Marijanu nije bio potreban fenjer da bi video izgažen žbun jorgovana, ogromne tragove u leji sa cvećem daninoć, oborenu saksiju u dnu stepeništa; pa onda to nije bilo priviđenje, i dabome, bolje što nije; ujutro će sa Florensijem otići da se raspita na salašima u dolini, neće ga tako lako spustiti odozgo. Pre nego što je ušao, uspravio je saksiju, otišao do prvih stabala i dugo osluškivao zrikavce i žabu; kada je pogledao u pravcu kuće, Sulma je bila na prozoru spavaće sobe, naga, nepomična.

Mala se nije ni pomerila, Marijano se bešumno popeo i kada se našao pored Sulme zapalio cigaretu. Vidiš, otišao je, možemo mirno da spavamo, sutra ćemo već videti. Polako ju je vodio prema krevetu, skinuo se, pružio nauznak, sve vreme pušeći. Spavaj, sve je u redu, to je bio samo besmislen strah. Prođe rukom kroz njenu kosu, prsti skliznuše do ramena, jedva okrznuše grudi. Sulma leže na stranu, okrećući mu leđa, ćutke; i to je bilo isto kao i tolikih drugih letnjih noći.

Moglo se očekivati da će teško zaspati, ali Marijano usnu naglo, tek što je ugasio cigaretu; prozor je i dalje bio otvoren i sigurno bi ušli komarci, ali san je stigao pre, bez slika, potpuno ništavilo iz kojeg je u određenom trenutku izašao ispraćen neizrecivom panikom, pritiskom Sulminih prstiju na ramenu, jecajem. Gotovo se nije ni osvestio a već je osluškivao noć, savršenu tišinu koju su naglašavali zrikavci. Spavaj, Sulma, nema ničega, biće da si sanjala. Uporno je tražio da i ona sama prizna, da ponovo legne okrećući mu leđa, sad kada je iznenada povukla ruku i sela uspravno, pogleda uperenog u zatvorena vrata. Ustade u istom trenutku kada i Sulma, nemoćan da joj zabrani da otvori vrata i ode do vrha stepeništa, priljubio se uz nju i pitao se bunovno ne bi li bolje učinio kada bi je ošamario, nasilu je odvukao do kreveta, ovladao najzad tom velikom okamenjenom daljinom. Nasred stepeništa Sulma zastade, hvatajući se za ogradu. Znaš li ti zašto je mala ovde? – ona će glasom koji je verovatno još pripadao košmaru. Mala? Još dva stepenika, već skoro u uglu iz kojeg se videla kuhinja. Sulma, molim te. I onda slomljenim glasom, skoro u falsetu, ovde je zato da bi ga pustila da uđe, kažem ti da će ga pustiti unutra. Sulma, nemoj me primoravati da činim gluposti. A ona će pobedonosno, još glasnije, pogledaj, ma pogledaj ako mi ne veruješ, krevet prazan, časopis na podu. Odgurnuvši Sulmu, Marijano zakorači ispred nje, skoči do prekidača. Mala ih pogleda, njena ružičasta pižama pred vratima koja vode u salon, pospano lice. Šta radiš tu u ovo doba, reče Marijano obavijajući opasač oko struka. Mala je gledala u nagu Sulmu, gledala ju je pospano i postiđeno kao da hoće da se vrati u krevet, na ivici plača. Ustala sam da piškim, reče. Pa si izašla u baštu, iako smo ti rekli da se popneš u kupatilo. Mala plačljivo iskrivi lice dok su joj se ruke komično gubile negde u džepovima pižame. Nije važno, vrati se u krevet, reče Marijano milujući je po kosi. Pokrio ju je, stavio časopis ispod jastuka, mala se okrenula prema zidu, sa prstom u ustima, kao da se teši. Penji se, reče Marijano, vidiš da se ništa nije desilo, ne stoj tu kao neka mesečarka. Videvši da je napravila dva koraka u pravcu salona, on joj prepreči put, sad je sve u redu, šta tu ima, dođavola. Ali zar ne shvataš da mu je otvorila vrata, reče Sulma onim glasom koji nije bio njen. Mani se gluposti, Sulma. Idi pa vidi da li sam u pravu, ili pusti mene. Marijanova šaka sklopi se oko drhtave mišice. Smesta se penji, gurajući je sve do podnožja stepeništa, bacivši u prolazu pogled na malu koja se uopšte nije micala, sigurno je već spavala. Na prvom stepeniku Sulma kriknu i htede da pobegne, ali stepenište je bilo uzano a Marijano ju je gurao čitavim telom, opasač se razvezao i pao udno stepeništa, stežući je za ramena i gurajući je on je odvede do odmorišta, ubaci je u spavaću sobu i zatvori vrata za sobom. Pustiće ga da uđe, ponavljala je Sulma, vrata su otvorena i on će ući. Lezi, reče Marijano. Kažem ti da su vrata otvorena. Nije važno, reče Marijano, neka uđe ako hoće, sad me baš briga hoće li ući ili neće. On steže Sulmine ruke koje su pokušavale da ga odgurnu, baci je tako da ona leđima pade na krevet, padoše zajedno, Sulma jecajući i preklinjući, nesposobna da se makne pod težinom tela koje ju je sve više pritiskalo, povijalo je voljom prošaptanom usta uz usta, besno, uz suze i prostakluke. Neću, neću, neću nikad više, neću, ali već suviše kasno, njena snaga i njen ponos popuštali su pred tom razornom težinom koja ju je vraćala u nemoguću prošlost, u leta bez pisama i bez konja. U jednom trenutku – počinjalo je da sviće – Marijano se obuče u tišini, siđe u kuhinju; mala je spavala s prstom u ustima, vrata salona bila su otvorena. Sulma je bila u pravu, mala je otvorila vrata, ali konj nije ušao u kuću. Uostalom, možda i jeste, pomisli paleći prvu cigaretu i posmatrajući plavu ivicu brda, možda je Sulma i bila u pravu i konj je zaista ušao u kuću, ali kako da znaju kad ga nisu čuli, kad je sve u redu, kada časovnik i dalje odbrojava jutarnje sate i pošto Florensio bude došao po malu, verovatno će oko dvanaest stići poštar, zviždeći iz daleka, ostaviće im na baštenskom stolu pisma koja će on ili Sulma uzeti, ne govoreći ništa, da bi odmah zatim sporazumno odlučili šta treba da se spremi za ručak.

TU, ALI GDE, I KAKO

Jedna slika Renea Magrita predstavlja lulu koja zauzima središte platna. U dnu slike naslov: Ovo nije lula.
Paku, koji je voleo moje priče.
(Posveta iz Zverinjaka, *1951.)*

Ne zavisi od volje

odjednom on: sada (pre nego što počnem da pišem; razlog što sam počeo da pišem) ili juče, sutra, nema nikakve prethodne naznake, on jeste tu i nije; ne mogu čak ni da kažem da dolazi, nema ni dolaska ni odlaska; on je kao čista sadašnjost koja se ispoljava ili ne ispoljava u ovoj prljavoj sadašnjosti punoj odjeka prošlosti i obaveza budućnosti

Ti koji me čitaš, nije li se i tebi desilo nešto što počinje kao san i vraća se u mnogim snovima ali to nije to, nije samo san? Nešto što jeste tu, ali gde, i kako; nešto što prolazi kroz snove, razume se, puki san ali posle takođe tu, na drugi način jer je meko i puno rupa, ali tu dok pereš zube, u dnu lavaboa ga i dalje vidiš kad ispljuneš pastu za zube ili stavljaš lice pod hladnu vodu, već istanjeno ali još uvek zalepljeno za pidžamu, u korenu jezika dok podgrevaš kafu, tu ali gde, kako, zalepljeno za jutro, sa svojom tišinom u koju već ulaze zvuci dana, vesti na radiju koje smo pustili jer smo budni i jer smo ustali i svet i dalje ide svojim putem. Dođavola, dođavola, kako je to moguće, šta je to bilo, šta smo to bili u jednom snu koji je međutim nešto drugo, svako malo se vraća i tu je, ali gde je to tu? Zašto noćas opet Pako, sad kada to pišem u ovoj istoj sobi, pored ovog istog kreveta na kojem čaršavi pokazuju prazno mesto moga tela? Zar se tebi ne dešava isto što i meni sa nekim ko je umro pre trideset godina, koga smo sahranili jednog sunčanog podneva na Ćakariti, noseći na ramenima sanduk zajedno sa prijateljima iz našeg društva, sa Pakovom braćom?

njegovo sitno i bledo lice, njegovo utegnuto telo igrača badmintona, njegove vodnjikave oči, njegova plava kosa zalizana briljantinom, razdeljak sa strane, njegovo sivo odelo, njegove crne mokasine, skoro uvek plava kravata ali ponekad samo košulja ili bela frotirska kućna haljina (kada me čeka u svom stanu u ulici Rivadavija, ustajući s naporom da ja ne bih primetio da je toliko bolestan i seda na ivicu kreveta umotan u belu kućnu haljinu tražeći od mene cigaretu koju su mu zabranili)

Znam već da se ne može pisati to što ja sada pišem, ovo je sigurno još jedan od načina koje dan upotrebljava da bi prekinuo delovanje sna; sada ću otići na posao, srešću se sa prevodiocima i redaktorima na ženevskoj konferenciji gde ostajem četiri nedelje, čitaću vesti iz Čilea, još jedna noćna mora koju nijedna pasta za zube ne može da ispere iz usta; zašto onda skačem iz kreveta pravo za pisaću mašinu, iz kuće u ulici Rivadavija u Buenos Ajresu gde sam upravo bio sa Pakom, za ovu mašinu koja neće služiti ničemu sada kada sam budan i znam da je prošla trideset i jedna godina od onog oktobarskog jutra, one niše u kolumbarijumu, bednog cveća koje skoro niko nije doneo jer đavola smo mislili na cveće kad smo sahranjivali Paka. Kažem ti, tih trideset i jedna godina nisu ono što je važno, mnogo je gori ovaj prelazak iz sna u reči, rupa između onoga što i je dalje ovde ali se sve više predaje jasnoj oštrici stvari s ove strane, tom nožu od reči koje i dalje i dalje ispisujem i koje više nisu to što je i dalje tu, ali gde, kako. A ako navaljujem, to je zato što ne mogu više, toliko puta sam znao da je Pako živ i da će umreti, da je živ drugačije nego što smo mi živi ili što ćemo umreti, da se pišući ovo bar borim protiv onoga neuhvatljivog, provlačim prste od reči kroz rupe ovog tananog spleta koji me još uvek vezuje za kupatilo, za toster, prvu cigaretu, što je još uvek tu, ali gde, kako; ponavljati, iznova i iznova izgovarati čarobne reči, istina je, možda ti koji me čitaš takođe ponekad pokušavaš da zadržiš nekom bajalicom ono što ti izmiče, glupavo ponavljaš neku dečiju pesmicu, pauk hodi, pauk hodi, zatvarajući oči da bi u središte stavio glavnu scenu raspršenog sna, odustajući od pauka, sležući ramenima na hod, raznosač novina kuca na vrata, žena te gleda i osmehuje ti se i kaže Pedrito, ostala ti je paučina na očima, i toliko je u pravu, misliš ti, pauk hodi, razume se da je paučina.

kada sanjam Alfreda, ili druge mrtve, to može biti bilo koja od tolikih slika, tolikih mogućnosti vremena i života, Alfreda vidim kako vozi svoj crni ford, kako igra poker, venčava se sa Sulemom, izlazi sa mnom iz gimnazije Marijano Akosta i odlazi na vermut u bar Perla na trgu Onse; potom, konačno, prethodno, bilo koji dan tokom bilo koje godine, ali Pako ne, Pako je samo prazna i hladna soba u njegovoj kući, gvozdeni krevet, bela frotirska kućna haljina, a ako se nađemo u kafeu i on nosi svoje sivo odelo i plavu kravatu, lice je isto, posmrtna maska boje zemlje, tišina nesavladivog umora

Neću više da gubim vreme; ako pišem, to je zato što znam, mada ne mogu da objasnim šta je to što znam i jedva uspevam da izdvojim ono najveće, da na jednu stranu stavim snove a na drugu Paka, ali to treba učiniti ako jednoga dana, ako baš sada u bilo kom trenutku uspem da zahvatim dalje. Znam da sanjam Paka zato što postoji logika, zato što mrtvi ne idu ulicama i čitav okean vode i vremena stoji između ovog hotela u Ženevi i njegove kuće u ulici Rivadavija, između njegove kuće u ulici Rivadavija i njega mrtvog već trideset i jednu godinu. Onda je očigledno da je Pako živ (na koji uzaludan, užasan način ću morati to da kažem između ostalog i zato da bih se približio, da bih osvojio malo prostora) dok ja spavam; što 'no kažu, sanjam. S vremena na vreme, mogu da prođu nedelje, pa čak i godine, dok spavam ponovo saznajem da je on živ i da će umreti; nema ničega neobičnog u tome što ga sanjam i što ga vidim živog, dešava se to sa toliko drugih ljudi u snovima svih nas, i ja ponekad zateknem svoju baku živu u mojim snovima, ili Alfreda živog u mojim snovima, Alfreda koji je bio jedan od Pakovih prijatelja i koji je umro pre njega. Svako može da sanja svoje mrtve i da ih vidi žive, ne pišem ja ovo zato; ako pišem, to je zato što znam, mada ne mogu da objasnim šta je to što znam. Gledaj, kada sanjam Alfreda, pasta za zube sasvim lepo obavi svoj zadatak; ostane seta, vraćanje starih uspomena, a zatim počne dan bez Alfreda. Ali kada je Pako u pitanju, kao da se i on budi sa mnom, on sebi može da dopusti luksuz da skoro odmah rasprši žive noćne prizore i da ostane prisutan i van sna, opovrgavajući ga onako snažno kako to Alfredo, kako to niko ne može usred dana, posle tuširanja i novina. Šta njega briga što se ja jedva sećam onog trenutka kada je njegov brat Klaudio došao po mene, da mi kaže da je Pako veoma bolestan, i što se sledeće scene, već popucale po šavovima ali još uvek strogo ocrtane u zaboravu, pomalo kao ono prazno mesto moga tela koje čaršavi još uvek pokazuju, rasplinjavaju kao i svi snovi. Ono što tada znam jeste da je to što sam sanjao samo deo nečega drugačijeg, neka vrsta preklapanja, neka oblast koja je druga, mada ovaj izraz nije baš pravilan ali treba takođe preklapati ili silovati reči ako želim da se približim, ako se nadam da ću jednom biti. Ugrubo, ovako kako sada to osećam, Pako je živ mada će umreti, i ako nešto znam, to je da nema ničega natprirodnog u tome; ja imam svoju predstavu o priviđenjima, ali Pako nije priviđenje, Pako je čovek, čovek kakav je bio do pre trideset i jednu godinu, moj drug sa studija, moj najbolji prijatelj. Nije bilo neophodno da mi se toliko puta vraća, bio je dovoljan prvi san pa da ja znam da je on živ s onu ili s ovu stranu sna, i da me ponovo obuzme tuga, kao onih noći u ulici

Rivadavija kada sam ga gledao kako uzmiče pred jednom bolešću koja ga je izjedala iz utrobe, proždirući ga bez žurbe, u najsavršenijim mukama. Koje god noći da sam ga ponovo sanjao bilo je isto, varijacije na istu temu; nije ponavljanje bilo to što me je moglo zavarati, ono što sada znam već sam i prvog puta znao, čini mi se, u Parizu pedesetih godina, petnaest godina posle njegove smrti u Buenos Ajresu. Istina, u ono vreme sam pokušao da ostanem pri zdravoj svesti, da bolje operem zube; odbacio sam te, Pako, mada je već tada nešto u meni znalo da se nisi pojavio kao Alfredo, kao moji drugi mrtvi; i pred snovima možemo da budemo podlaci i kukavice, i možda si se ti zato vratio, ne iz osvete nego zato da bi mi dokazao da je uzalud, da si živ i toliko bolestan, da ćeš umreti, da će iz noći u noć Klaudio dolaziti po mene u snovima, da mi se isplače na ramenu, da mi kaže Paku je zlo, šta da radimo, Paku je toliko zlo.

njegovo lice boje zemlje i bez sunca, čak i bez meseca iz kafana na trgu Onse, život studenata noćobdija, trouglasto lice bez krvi, nebeskoplavo vodnjikavih očiju, usne ispucale od groznice, slatkast miris bubrežnog bolesnika, njegov tanani osmeh, glas skoro utihnuo, morao je da duboko udahne posle svake rečenice, zamenjujući reči nekim pokretom ili ironičnom grimasom

Vidiš, to je ono što znam, nije mnogo, ali sve menja. Dosadne su mi vremensko-prostorne hipoteze, *n*-te dimenzije, a da i ne govorimo o okultističkom žargonu, o astralnom životu Gustava Majrinka. Neću krenuti u potragu jer znam da nisam kadar da se zanesem, ili možda, u najboljem slučaju, nisam sposoban da uđem u drugačije oblasti. Naprosto sam tu, i spreman sam, Pako, pišem ono što smo još jednom zajedno proživeli dok sam ja spavao; ako nečime mogu da ti pomognem, to je time što znam da ti nisi samo moj san koji je tu, ali gde, kako, da si tu, živ, i da patiš. O ovome *tu* ne mogu ništa da kažem, osim da mi se pokazuje i u snu i na javi, da je to neko *tu* bez oslonca; jer kada te viđam, ja spavam i ne umem da mislim, a kada mislim onda sam budan ali samo mogu da mislim; slika ili ideja uvek su neko tu, ali gde, neko tu, ali kako.

ponovo čitati sve ovo znači oboriti glavu, psovati, lica naslonjenog na novu cigaretu, pitati se o smislu toga što kucam po ovoj mašini, za koga, reci mi molim te, za koga to a da neće slegnuti ramenima i brzo spakovati, staviti etiketu i preći na nešto drugo, na sledeću priču

Osim toga, Pako, zašto. Ostavljam to za kraj ali baš to je najteže, to je ona pobuna i ono gađenje na sve što ti se događa. Znaš i sam da ne verujem da si u paklu, toliko bismo se veselili kada bismo mogli o tome da razgovaramo. Ali mora postojati jedno zašto, nije tačno, i ti sam mora da se pitaš zašto si živ tu gde si, ako ćeš ponovo umreti, ako će ponovo Klaudio morati da dolazi po mene, ako ću se kao i maločas popeti stepenicama u ulici Rivadavija da bih te zatekao u tvojoj bolesničkoj sobi, sa tim licem bez krvi i očima kao od vode, kako mi se osmehuješ bledim i suvim usnama, pružaš mi ruku koja izgledao kao papirić. I tvoj glas, Pako, onaj glas koji sam kod tebe čuo na kraju, koji je nerazumljivo izgovarao neki pozdrav ili šalu. Razume se da nisi u kući u ulici Rivadavija, i da se ja u Ženevi nisam popeo uz stepenice tvoje kuće u Buenos Ajresu, to su dovijanja sna, a kao i uvek pri buđenju slike se raspadaju i ostaješ samo ti s ove strane, ti koji nisi san, koji si me čekao u tolikim snovima ali kao neko ko zakazuje sastanak na neutralnom terenu, na nekoj stanici ili u kafani, što je još jedno dovijanje na koje zaboravljamo čim se stavi u pokret.

kako da to kažem, kako da nastavim, da rasturim razum na paramparčad ponavljajući da to nije samo san, da, iako ga viđam u snovima kao i svakoga drugog od mojih mrtvih, on je nešto drugo, tu je, unutra i napolju, živ mada ono što od njega vidim, ono što od njega čujem: bolest ga steže, ostavlja ga u onom poslednjem prizoru koji je moje sećanje na njega od pre trideset i jednu godinu; takav je sada, takav je

Zašto živiš ako si se opet razboleo, ako ćeš ponovo umreti? I kada budeš umro, Pako, šta će se desiti među nama dvojicom? Da li ću znati da si umro, da li ću sanjati, jer je san jedina oblast gde mogu da te vidim, da te ponovo sahranjujemo? I posle toga, da li ću prestati da te sanjam, da li ću znati da si zaista umro? Jer prošlo je već mnogo godina, Pako, otkako si živ tu gde se srećemo, ali život ti je uzaludan i uveo, ovoga puta tvoja bolest traje beskonačno duže nego ona druga, prođu nedelje ili meseci, prođe Pariz ili Kito ili Ženeva a onda dođe Klaudio i zagrli me, Klaudio tako mlad, kao dete, plače u tišini na mom ramenu, kaže mi da ti je zlo, da odem da te vidim, ponekad je to u nekom kafeu ali skoro uvek treba da se popnem uzanim stepeništem te kuće koju su već srušili, iz taksija sam pre godinu dana video taj deo Rivadavije, kod trga Onse, i shvatio sam da kuća više nije tu ili da su je renovirali, da nema vrata niti uskog stepeništa koje vodi na prvi sprat, soba sa visokim plafonima i žutom štukaturom, prođu nedelje ili meseci i onda ponovo znam da moram otići da te vidim, ili te naprosto sretnem bilo gde ili znam da si ko zna gde mada te ne vidim, i ništa se ne završava, ništa ne počinje i ne završava se dok spavam ili kasnije u kancelariji ili ovde dok pišem, živ si ali zašto, živ si, ali radi čega, Pako, tu, ali gde, stari moj, gde i dokle.

davati dokaze od vazduha, gomilice pepela kao dokaz, izvesnost rupe; da stvar bude još gora, rečima, iz reči koje nisu sposobne za vrtoglavicu, etikete koje prethode čitanju, ona druga, konačna etiketa

pojam granične oblasti, susedne sobe; susedno vreme, a u isto vreme i ništa od svega toga, suviše je lako zaklanjati se iza binarnog; kao da sve zavisi od mene, od nekog običnog ključa koji će mi dati neki pokret ili neki skok, i saznanje da nije tako, da me je moj život zatvorio u ono što jesam, na samoj ivici, ali

pokušati da se to kaže drugačije, biti uporan: u nadi tragati za ponoćnom laboratorijom, za nekom nezamislivom alhemijom, za nekom transmutacijom

Nisam ja od koristi ako treba da se ide još dalje, da se isproba bilo koji drugačiji put kojim drugi odlaze u potrazi za svojim mrtvima, ni vera ni crvi niti metafizika. Znam da nisi mrtav, da stolovi sa tri noge nisu ni od kakve koristi, neću ići kod vračara jer i oni imaju svoja pravila, gledali bi me kao ludaka. Mogu samo da verujem u ono što znam, da produžim svojom stranom ulice kao i ti svojom, smanjen i bolestan tu gde si, ne smetajući mi, ne tražeći od mene ništa ali oslanjajući se na neki način na mene koji znam da si živ, na tu kariku koja te vezuje za ovu oblast kojoj ne pripadaš ali te još uvek nosi na sebi, ko zna zašto. I zato, čini mi se, postoje trenuci kada sam ti potreban i tada dolazi Klaudio ili te odjednom sretnem u nekoj kafani gde smo igrali bilijar ili u sobi u potkrovlju gde smo slušali ploče sa Ravelom i čitali Lorku i Rilkea, i moja bezgranična radost kada znam da si živ jača je od bledila tvoga lica i hladne slabosti tvoje ruke; jer usred sna ja se ne varam kao što me ponekad prevari to što s vremena na vreme vidim Alfreda ili Huan Karlosa, ta radost nije ono užasno razočaranje kada se probudim i shvatim da sam sanjao, sa tobom se probudim i ništa se ne promeni osim što te više ne vidim, znam da si živ tamo gde si, u zemlji koja je ova zemlja a ne neka astralna sfera ili odvratni limb; i radost traje i prisutna je dok pišem, i ne protivreči tuzi što sam te još jednom video tako bolesnog, još je to nada, Pako, ako pišem to je zato što se nadam mada je uvek isto, stepenice koje vode u tvoju sobu, kafana u kojoj ćeš mi između dva karambola reći da si bolestan ali da već prolazi, lažući me uz jadan osmeh; nada da će jednom biti drugačije, da Klaudio neće morati da dolazi po mene i da plače zagrlivši me, moleći me da odem da te vidim.

makar to bilo samo zato da bih se ponovo našao u njegovoj blizini kada bude umro kao one oktobarske noći, četiri prijatelja, hladna lampa koja visi sa plafona, poslednja injekcija koramina, gola i ledena prsa, otvorene oči koje mu je jedan od nas zatvorio kroz plač

A ti koji me čitaš mislićeš da izmišljam; nije važno, odavno već ljudi mojoj mašti pripisuju ono što sam stvarno doživeo, ili obratno. Gledaj, Paka nikada nisam sreo u gradu o kojem sam jednom pričao, u gradu koji povremeno sanjam i koji je kao neki zabran beskrajno odložene smrti, mračnih traganja i nemogućih susreta. Ništa ne bi bilo prirodnije nego sresti ga tu, ali tu ga nikada nisam sreo i mislim da ga nikada neću ni sresti. On ima svoju sopstvenu oblast, kao mačka je u svom tačno obeleženom svetu, kuća u ulici Rivadavija, kafana sa bilijarom, poneki ugao na trgu Onse. Možda bih, da sam ga sreo u gradu sa svodovima i sa kanalom na severu, ubrojao u mašineriju potraga, beskrajnih hotelskih soba, liftova koji se kreću po horizontali, u rastegljivi košmar koji se svako malo vraća; lakše bi bilo objasniti to prisustvo, zamisliti ga kao deo onog dekora koji bi ga osiromašio bruseći ga, uključujući ga u svoje nespretne igre. Ali Pako tera po svome, usamljeni mačor koji proviruje iz svoje sopstvene oblasti u kojoj nema mešanja; po mene dolaze samo njegovi, to je Klaudio ili je to njegov otac, ponekad njegov stariji brat. Kada se probudim pošto sam ga sreo u njegovoj kući ili u kafani, pošto sam video smrt u njegovim očima kao od vode, ostalo se gubi u tutnjavi jave, samo on ostaje sa mnom dok perem zube ili slušam vesti pre nego što krenem od kuće; nema više njegovog lika koji sam video sa surovom preciznošću sočiva sna (sivo odelo, plava kravata, crne mokasine) nego izvesnost da je on nezamislivo i dalje tu, i da pati.

čak ni da se ponadam onome što je besmisleno, niti da znam da je opet srećan, niti da ga vidim na turniru u badmintonu, zaljubljenog u one devojke sa kojima je igrao u klubu

mala siva larva, *animula vagula blandula*, majmunče koje drhti od hladnoće pod ćebadima, pruža mi ruku lutke, radi čega, zašto

Ne bih mogao da te nateram da proživiš sve ovo, a ipak pišem za tebe koji me čitaš jer je to način da se probije obruč, da te zamolim da potražiš u samom sebi, ako je već nemaš, neku takvu mačku, nekog takvog mrtvog što se nalazi u onom tu koje sam već očajan kada moram da nazovem ovim papirnatim rečima. Činim to zbog Paka, za slučaj da ovo ili bilo šta drugo nečemu služi, da mu pomogne da se izleči ili da umre, da Klaudio više ne dolazi po mene, ili naprosto da konačno osetim da je sve to bila varka, da ja samo sanjam Paka i da se on ko zna zašto uhvati malo čvršće za moje gležnjeve nego Alfredo, nego moji drugi mrtvi. To ćeš ti verovatno pomisliti, šta bi drugo i mogao misliti osim ako se i tebi to nije sa nekim desilo, ali niko mi nikada nije govorio o takvim stvarima pa to ne očekujem ni od tebe, naprosto sam morao to da kažem i da čekam, da kažem i da ponovo legnem i da živim kao i svako drugi, čineći sve što je moguće da bih zaboravio da je Pako i dalje tu, da ništa nije gotovo jer ću se sutra ili sledeće godine probuditi znajući kao što sada znam da je Pako i dalje živ, da me je zvao zato što je očekivao nešto od mene, i da ne mogu da mu pomognem zato što je bolestan, zato što umire.

VRAT CRNE MAČKICE

Uostalom nije bilo prvi put da mu se to dešava ali je u svakom slučaju uvek Lućo bio taj koji je povlačio prvi potez, tobože bi se nemarno oslonio ne bi li okrznuo ruku neke plavuše ili riđokose koja bi mu se dopala, koristio je priliku kad god bi se metro zaljuljao na krivini, a tada bi usledio odgovor, ostvario bi se spoj, prstić bi na trenutak ostao u klopci a onda nezadovoljno ili ljutito lice, sve je zavisilo od mnogih stvari, ponekad bi izašlo na dobro, krenulo bi, ostalo je ulazilo u igru onako kako su stanice ulazile u prozor na vagonu ali te večeri je bilo drugačije, prvo se Lućo smrzao i kosa mu bila puna snega koji se na peronu rastopio, i hladne kapi su mu klizile ispod šala, ušao je u metro na stanici u Ulici Bak prazne glave i tela priljubljenog uz mnoga druga u iščekivanju trenutka uz peć, čaša konjaka, čitanje novina pre nego što se prihvati nemačkog između pola osam i devet, sve po starom osim ove crne rukavice na držaču, među gomilama ruku i laktova i kaputa jedna crna rukavičica koja se drži za metalnu šipku a on sa vlažnom smeđom rukavicom koja na šipci stoji čvrsto da ne bi ugnjavio gospođu sa paketima i kenjkavom devojčicom, odjednom svestan malenog prsta koji kao da je hteo da uzjaše njegovu rukavicu, provirio iz prilično otrcanog rukava od zečjeg krzna, mulatkinja je izgledala prilično mlada i nekako odsutno gledala u pod, tek jedno od mnogih ljuljanja zbijenih tela; Luću se to učinilo kao prilično zabavno odstupanje od pravila, ruka mu je ostala mirna, nije odgovarala, mislio je da je devojka rasejana, da nije svesna tog lakog uzjahivanja na vlažnog i nepomičnog konja. Voleo bi da ima dovoljno mesta da izvuče novine iz džepa i pročita naslove koji govore o Bijafri, Izraelu ili klubu Estudijantes iz La Plate, ali novine su bile u džepu s desne strane i da bi ih izvadio morao bi da pusti šipku gubeći tako neophodan oslonac na krivinama, tako da je najbolje da ostane miran, otvarajući jedan kratkotrajan prazan prostor između kaputa i paketa da bi devojčica bila manje tužna a njena majka prestala da joj se obraća tonom sudskog izvršitelja.

Skoro da nije ni pogledao mladu mulatkinju. Sada je nazreo žbun njene kovrdžave kose pod kapuljačom na kaputu pa kritički pomisli kako je uz ovoliku vrućinu u vagonu sasvim lepo mogla da je zabaci i baš tada ga prst ponovo pomilova po rukavici, prvo samo jedan, a zatim dva, popeše se na pokislog konjica. Krivina ispred Monparnas-Bjenvenija gurnula je devojku na Luća, ruka joj je skliznula sa konja da bi se dočepala šipke, tako je mala i glupava pored velikog konja koji ju je, naravno, sada zagolicao gubicom od dva prsta, ne navaljujući nego samo iz šale, još uvek dalek i vlažan. Devojka kao da je iznenada primetila (ali i njena rasejanost, pre toga, takođe je u sebi imala nečega iznenadnog i naglog) i još malo odmakla ruku, gledajući Luća iz mračne rupe koju je pravila kapuljača, da bi se potom zagledala u svoju ruku kao da joj nešto zamera ili kao da proučava pristojna odstojanja. Mnogo je sveta sišlo na Monparnas-Bjenveniju pa je Lućo već mogao da izvadi novine, ali umesto toga on nastavi da proučava ponašanje ručice u rukavici sa malo podsmešljivom pažnjom, ne gledajući devojku koja je sada posmatrala ponovo vidljive cipele na prljavom podu gde su iznenada nedostajali plačljiva devojčica i još mnogo sveta koji je sišao na stanici Flagjer. Trzaj pri polasku naterao je obe rukavice da se grčevito uhvate za šipku, svaka za sebe, ali dok je voz stajao u stanici Paster, Lućovi prsti potražiše crnu rukavicu koja se nije izmakla kao prvi put, nego se nekako olabavila oko šipke, postala još manja i slabija pod pritiskom dva, tri prsta, čitave šake koja se penjala i sporo i obazrivo je prisvajala, ne oslanjajući se previše, istovremeno uzimajući i ostavljajući u gotovo praznom vagonu, i sad kada se vrata otvaraju na stanici Volonter devojka se, okrećući se malo pomalo na jednoj nozi, suočava sa Lućom ne dižući glavu, kao da ga gleda iz rukavice pokrivene čitavom Lućovom rukom, i kada mu najzad uputi pogled jer ih je oboje protreslo drmusanje između Volontera i Vožirara, njene velike oči skrivene u tami kapuljače kao da su samo na to i čekale, nepomične i ozbiljne, bez traga osmeha ili prekora, bez ičega osim beskrajnog iščekivanja, što u Luću izazva neku neodređenu nelagodnost.

– Uvek je ovako – reče devojka. – S njima se ne može izaći na kraj.

– Ah – reče Lućo, prihvatajući igru ali pitajući se zašto nije zabavna, zašto je nije osetio kao igru mada ništa drugo nije moglo da bude, nije bilo nikakvog razloga da pomisli da je to bilo šta drugo.

– Ništa se tu ne može – ponovi devojka. – Ne razumeju ili neće da razumeju, ko će to znati, ali se ne može ništa protiv toga.

Obraćala se rukavici, gledajući Luća ali ga ne videći obraćala se crnoj rukavičici, skoro nevidljivoj ispod velike smeđe rukavice.

– I sa mnom je isto – reče Lućo. – Nepopravljive su, zaista.

– Nije isto – reče devojka.

– Ma jeste, i sami ste videli.

– Nema tu šta da se priča – reče ona, oborivši glavu. – Izvinite, ja sam kriva.

Bila je to igra, svakako, ali zašto nije bila zabavna, zašto je on nije osećao kao igru kad nije moglo da bude ništa drugo, nije bilo nikakvog razloga da misli kako je to bilo šta drugo.

– Recimo da su one krive – reče Lućo odmičući ruku kako bi naglasio množinu, potkazao krivce na šipci, urukavičene ćutljive daleke mirne krivce na šipci.

– Nije to isto – reče devojka. – Vama se čini da je isto, ali je sasvim različito.
– Dobro, uvek jedna mora da počne.
– Da, uvek jedna.
Bila je to igra, samo je trebalo poštovati pravila ne zamišljajući da postoji nešto drugo, nekakva istina ili očajanje. Zašto da ispadne budala, umesto da joj ide naruku kad joj je već tako naspelo.
– U pravu ste – reče Lućo. – Treba učiniti nešto protiv toga, ne treba ih pustiti.
– Ništa ne vredi – reče devojka.
– Stvarno, čoveku malo popusti pažnja, i vidite šta se desi.
– Da – reče ona. – Iako se vi samo šalite.
– Ma ne, govorim isto tako ozbiljno kao i vi. Pogledajte ih.
Smeđa rukavica igrala se češući se o nepomičnu crnu rukavičicu, prevlačeći prstom po zglavku, puštala je, išla do kraja šipke i zastajala da je gleda, čekala. Devojka pognu glavu još niže i Lućo se ponovo upita zašto sve ovo nije zabavno sada kad mu je još samo preostalo da nastavi igru.
– Kada bi bilo ozbiljno – reče devojka, ali nije govorila njemu, nije govorila nikome u skoro praznom vagonu. – Kada bi bilo ozbiljno, onda možda.
– Ozbiljno je – reče Lućo – i stvarno im nema leka.
Sada ga ona pogleda u lice, kao da se budi, metro je ulazio u stanicu Konvension.
– Ljudi ne mogu da razumeju – reče devojka. – Kad je u pitanju muškarac, naravno, odmah pomisli da...
Prostaci, nema šta, a osim toga, treba da požuri jer je ostalo još samo tri stanice.
– A još crnje i gore ako je u pitanju žena – nastavi devojka. – Već mi se dešavalo, iako počnem da pazim na njih čim uđem, i sve vreme, ali eto vidite.
– Razume se – prihvati Lućo. – Naiđe trenutak kad se čovek zaboravi, pa to je prirodno, a onda one iskoriste priliku.

— Ne govorite u svoje ime — reče devojka. — Nije to isto. Izvinite, ja sam kriva, silazim na Korenten Seltonu.
— Nego šta nego ste krivi — našali se Lućo. — Trebalo je da siđem kod Vožirara, a vidite, zbog vas sam propustio dve stanice.

Zaokret metroa ih gurnu na vrata, ruke skliznuše i spojiše se na kraju šipke. Devojka je i dalje nešto pričala, glupavo se izvinjavala; Lućo ponovo oseti prste crne rukavice kako se penju po njegovoj ruci, stežu je. Kada ga ona iznenada pusti mrmljajući smeteno nekakvo izvinjenje, ostalo mu je da uradi samo jedno, da pođe za njom preko staničnog perona, stigne je i potraži njenu ruku koja je kao izgubljena visila naglavce ispod rukava i besciljno se klatila.

— Ne — reče devojka. — Molim vas, nemojte. Pustite me na miru.

— Kako da ne — reče Lućo ne puštajući joj ruku. — Ali ne bih voleo da sada tek tako odete. Da smo imali više vremena u metrou...

— Za šta? Više vremena za šta?

— Možda bismo na kraju nešto zajedno pronašli. Nešto protiv ovoga, hoću da kažem.

— Ali vi mene ne razumete — reče ona. — Vi mislite da...

— Ko zna šta ja mislim — reče pošteno Lućo. — Ko zna da li u kafani na uglu imaju dobru kafu, i da li uopšte postoji kafana na uglu, ovaj kraj skoro nimalo ne poznajem.

— Ima jedna kafana — reče ona — ali je loša.

— Nemojte mi reći da se niste nasmešili.

— Neću, ali kafa je loša.

— U svakom slučaju, kafana je na uglu.

— Da — reče ona, i ovoga puta se osmehnu gledajući u njega. — Ima jedna kafana, ali je kafa tamo loša, a vi mislite da ja...

— Ništa ja ne mislim — reče on, i bio je đavolski u pravu.

— Hvala — reče neočekivano devojka.

Disala je kao da ju je stepenište umorilo, i Luću se učini da drhti, ali ponovo malena zarozana mlaka bezopasna odsutna crna rukavica, ponovo pod prstima oseti živost, micanje, stezanje obavijanje uznemirenost lagodnost toplotu zadovoljstvo nežnost malecke crne rukavice prstići dva tri četiri pet jedan, prsti u potrazi za prstima i rukavica u rukavici, crna u smeđoj, prsti između prstiju, jedan između prvog i trećeg, dva između drugog i četvrtog. Eto šta se događalo, ljuljuškalo se tik iznad njihovih kolena, bilo je prijatno i protiv toga se nije moglo ništa, ili je bilo neprijatno i opet se protiv toga nije moglo ništa, naprosto se dešavalo, i nije se Lućo poigrao šakom koja je smestila prste među njegove i uvijala se i poskakivala, ali na neki način nije ni devojka koja je teško disala pošto se popela uz stepenice i izlagala lice sitnoj kiši kao u želji da sa njega spere ustajali mlaki vazduh iz hodnika metroa.

– Ovde stanujem – reče devojka pokazujući jedan visok prozor među mnogobrojnim prozorima mnogobrojnih potpuno jednakih visokih zgrada na suprotnoj strani ulice. – Mogli bismo da napravimo nes-kafe, mislim da je to bolje nego da idemo u bar.

– Oh, da – reče Lućo i sada su se njegovi prsti polako sklapali oko rukavice kao da stežu vrat crne mačkice. Soba je bila prilično velika i prilično zagrejana, u njoj azaleja, visoka lampa, ploče Nine Simon i krevet u neredu koji je devojka postiđeno i uz izvinjavanje namestila u dva poteza. Lućo joj je pomagao da stavi šolje i kašičice na stočić kraj prozora, napravili su jak i zaslađen nes-kafe, ona se zove Dina a on Lućo. Zadovoljna, kao sa olakšanjem, Dina je govorila o Martiniku, o Nini Simon, na trenutke je ostavljala utisak jedva stasale devojke u toj jednostavnoj crvenoj odeći, mini-suknja joj dobro stoji, radi u nekoj kancelariji, kad polomiš zglob onda jako boli ali skijanje u februaru u Gornjoj Savoji, ah. Dvaput je zastala i zagledala se u njega, počela da govori nešto tonom sa šipke u metrou ali se Lućo našalio, dosta je bilo, sad ćemo nešto drugo, nema potrebe za tolikom upornošću, no istovremeno je uviđao da Dina pati, da joj možda nanosi bol time što tako brzo odustaje od komedije, kao da je to sada uopšte važno. A treći put, kada se Dina nagla da dolije vruće vode u njegovu šolju, ponovo cedeći kroz zube kako nije ona kriva, to joj se samo povremeno dešava, pa on valjda vidi kako je sada sve drugačije, voda i kašičica, povinovanje svakom pokretu, tada je Lućo shvatio ali đavo će ga znati šta, iznenada je shvatio ali bilo je drugačije, prešlo je na drugu stranu, šipka je još važila, igra nije bila igra, polomljeni zglob i skijanje su mogli da idu do đavola sada kad je Dina ponovo govorila a on je nije prekidao ili menjao temu, puštao je, saosećao, skoro čekao verujući jer je besmisleno, ili možda zato što Dina sa svojim tužnim licem, svojim malenim grudima koje nisu govorile u prilog tropskoj klimi, jednostavno zato što Dina. Možda bi trebalo da se zatvorim, rekla je Dina bez preterivanja, ne biraju one vreme, vi ste vi, ali kad su drugi u pitanju. Kad su drugi šta. Drugi vređaju, šljepkaju po zadnjici, na posao, mala, šta mi se tu cifraš. Ali onda. Onda šta. Ali onda, Dina.

— Mislila sam da ste razumeli — reče Dina osorno. — Kažem vam da bi možda najbolje bilo da se zatvorim.

— Koješta. Ali ja sam, u početku...

— Znam. Kako i ne biste pomislili u početku. Baš je o tome reč, u početku se svako prevari, to je sasvim logično. Sasvim logično, sasvim logično. A bilo bi logično i da se zatvorim.

— Ne bi, Dina.

— Ali tako je, jebi ga. Izvinite. Nego šta je. Bolje to, nego ono drugo. Već toliko puta. Nimfo ne znam šta. Kurvice, radodajko. Na kraju krajeva, bilo bi mnogo bolje. Ili da ih sama sebi odsečem sekiricom za meso. Ali nemam sekiricu — reče Dina smešeći mu se kao da još jednom moli za oproštaj, kako je smešna tako zavaljena u naslonjači, klizi od umora, izgubljena, sa mini--suknjom koja joj se sve više zadiže, zaboravlja na sebe, samo ih gleda kako uzimaju šolju, sipaju nes-kafe, poslušne licemerke marljive kamenjarke kurvice nimfo šta li ono beše.

– Nemojte govoriti koješta – ponovi Lućo, gubeći glavu zbog tog poigravanja ko zna čime, željom, nepoverenjem, zaštitom. – Znam da je neprirodno, trebalo bi pronaći uzroke, trebalo bi. Uostalom, zašto ići toliko daleko. Mislim na zatvaranje ili na sekiricu.

– Ko zna – reče ona. – Možda bi trebalo ići vrlo daleko, do kraja. Možda bi to bio jedini način da se izvučem.

– Šta to znači vrlo daleko? – upita Lućo umorno. – I kakav kraj?

– Ne znam, ništa ne znam. Samo se plašim. I ja bih izgubila strpljenje da mi neko ovako govori, ali ima dana kad. Tako je, dana. I noći.

– Ah – reče Lućo primičući šibicu cigareti. – Pošto i noću, naravno.

– Da.

– Ali ne kada ste sami.

– I kada sam sama.

– I kada ste sami. Aha.

– Razumete šta hoću da kažem.

– Dobra je – reče Lućo ispijajući kafu. – Sasvim je dobra, vrlo vruća. Baš nam je to trebalo po ovakvom vremenu.

– Hvala – reče ona jednostavno, i Lućo je pogleda jer ona nije želela ni na čemu da mu zahvali, jednostavno je osećala da joj je ovaj trenutak odmora nešto nadoknadio, šipka je najzad prestala.

– A pritom niste bili ni zli ni neprijatni – reče Dina kao da pogađa. – Nije važno što mi ne verujete, ali prema meni prvi put niste bili ni zli ni neprijatni.

– Prvi put šta?

– Pa to, da neko ne bude ni zao ni neprijatan.

– Da ne počnu da...?

– Jeste, neki počnu, a vi niste bili ni zli ni neprijatni.

– Jesu li vas ikad uhapsili zbog toga? – upita Lućo spuštajući šolju na tanjirić laganim i promišljenim pokretom, vodeći ruku da bi se šolja spustila baš posred tanjirića. Zarazno, burazeru.

— Ne, nikada, međutim... Ima drugih stvari. Već sam vam rekla, ima onih koji misle da je namerno pa i sami počnu, isto kao vi. Ili se razbesne, žene, na primer, pa moram da siđem na prvoj stanici ili da bežim iz prodavnice ili iz kafane koliko me noge nose.

— Nemoj da plačeš — reče Lućo. — Ništa nećemo postići ako se rasplačeš.

— Neću da plačem — reče Dina. — Ali nikada nisam mogla sa nekim ovako da razgovaram, posle... Niko mi ne veruje, niko ne može da mi poveruje, ni vi mi ne verujete, samo ste dobri i ne želite da me povredite.

— Sad ti verujem — reče Lućo. — Do pre dva minuta i ja sam bio kao ostali. Možda bi trebalo da se smeješ umesto što plačeš.

— Vidite — reče Dina sklapajući oči — vidite da ne vredi. Ni vi, iako tako govorite, iako verujete. Suviše je glupo.

— Išla si na pregled?

— Jesam. Znaš već, umirujuća sredstva i menjanje sredine. Nekoliko dana se zavaravaš, misliš da...

— Znam — reče Lućo pružajući joj cigarete. — Čekaj. Tako. Da vidimo šta će da radi.

Dinina ruka uze cigaretu palcem i kažiprstom, a srednji prst i malić istovremeno pokušaše da se obmotaju oko Lućovih prstiju, on je bio pružio ruku i pažljivo posmatrao. Oslobodivši se cigarete, njegovih pet prstiju spustiše se i obuhvatiše malu tamnoputu šaku, blago je stegoše, počeše polako da je miluju, pa skliznuše i ostaviše je da drhti u vazduhu; cigareta pade u šolju. Iznenada se ruke podigoše do Dininog lica, ona se povi nad stolom dok ju je potresalo grcanje kao da povraća.

— Molim te — reče Lućo podižući šolju. — Molim te, nemoj. Nemoj tako da plačeš, nema nikakvog smisla.

— Neću da plačem — reče Dina. — Ne bi trebalo da plačem, naprotiv, ali vidiš.

– Drži, prijaće ti, vruća je; napraviću sebi drugu, čekaj da operem šolju.
– Ne, pusti, ja ću.
Ustadoše istovremeno, sudariše se pored stola. Lućo vrati prljavu šolju na stolnjak; ruke su im bile mlitavo opuštene uz tela; samo usne se dodirnuše. Lućo je gledao Dinu pravo u oči koje je ona sklopila, sva u suzama.
– Možda – promrmlja Lućo. – Možda to treba da radimo, jedino to možemo učiniti, i onda.
– Ne, nemoj, molim te – reče Dina, nepomična i ne otvarajući oči. – Ne znaš ti šta... Ne, bolje ne, bolje ne.

Lućo joj obgrli ramena, polako je privi uza se, njen dah uz svoje usne, topao dah sa mirisom kafe i tamne puti. Poljubio ju je posred usta, ponirući u njih, tražeći zube i jezik; Dinino telo se opuštalo u njegovim rukama, četrdeset minuta ranije njena ruka je pomilovala njegovu na držaču jednog sedišta u metrou, četrdeset minuta ranije jedna malena crna rukavica preko jedne smeđe. Osećao je njen slabašni otpor, ponovljeno odbijanje i u njemu kao začetak nekog upozorenja, ali je sve u njoj, u oboma posustajalo, sada su se Dinini prsti polako penjali uz Lućovo rame, njena kosa mu je padala u oči, njen je miris bio miris bez reči i bez upozorenja, plavi pokrivač uz njihova tela, poslušni prsti traže dugmad, razbacuju odeću, izvršavaju naredbe, i njegovi i Dinini, na koži, među butinama, ruke kao i usta i kolena a sada i trbuh i struk, promrmljana molba, otpor pritisku, zabacivanje unazad, u magnovenju pokret koji od usana do prstiju od prstiju do međunožja prenosi onu toplu penu koja sve poravnava, istovremeno spaja njihova tela i baca ih u igru. Kada u tami upališe cigarete (Lućo je hteo da ugasi lampu, pa je ova pala na pod uz zvuke slomljenog stakla, Dina se uspravila kao u strahu, nije htela mrak, govorila je da treba da se upali barem jedna sveća i da se siđe u radnju po novu sijalicu ali ju je on ponovo zagrlio u tami i sada su pušili i nazirali jedno drugo pri svakom izdisaju dima, ponovo se ljubili, napolju je uporno padala kiša, pregrejana soba zadržala ih je gole i opuštene, dok su se rukama i strukom i kosom dodirivali i ostavljali jedno drugo na miru, beskrajno se milovali, gledali se ponavljanim, vlažnim dodirima, njuškali jedno drugo u tami i šaputali mnoštvo jednosložnih reči i izdaha. Jednog trenutka pitanja će se vratiti, ona zaturena pitanja koja je pomrčina sačuvala po ćoškovima ili pod krevetom, ali kada je Lućo hteo da sazna ona se baci na njega, sva znojava, i ućutka ga poljupcima, maznim ugrizima, pa tek mnogo kasnije, uz nove cigarete na usnama ona mu reče da živi sama, da joj muškarci izmiču, da ne vredi, da bi trebalo upaliti neko svetlo, da s posla pravo kući, da je nikada niko nije voleo, da ima tu bolest, sve kao da u suštini i nije važno ili je previše važno da bi reči nečemu služile, ili možda kao da sve to neće trajati duže od ove noći pa se objašnjenja mogu preskočiti, kao da je sve to nešto što je samo počelo na onoj šipci u metrou, nešto zbog čega je najvažnije upaliti svetlo.

– Ima jedna sveća tu negde – jednolično i uporno je ponavljala odbijajući njegova milovanja. Već je kasno za kupovinu sijalice. Pusti me da potražim, mora biti u nekoj fioci. Daj mi šibice.

– Nemoj još da pališ – reče Lućo. – Baš je dobro ovako, kad se ne vidimo.

– Neću. Dobro je, ali znaš već. Znaš. Ponekad.

– Molim te – reče Lućo pipajući po podu u potrazi za cigaretama – za trenutak smo zaboravili na to... Zašto opet počinješ? Bilo nam je lepo ovako.

– Pusti me da nađem sveću – ponovi Dina.

– Nađi je, kako god hoćeš – reče Lućo pružajući joj šibice. Plamen je lebdeo u ustajalom vazduhu u sobi ocrtavajući telo jedva nešto manje crno od tmine, blesak očiju i noktiju, ponovo mrak, kresanje nove šibice, kratkoveki plamen koji se gasi u dnu sobe, kratak i nekako prigušen trk, težina nagog tela koje se sručilo preko njegovog pričinjavajući mu bol u rebrima, njegov jauk. Zagrlio ju je snažno, ljubeći je i ne znajući zbog čega ili od čega bi trebalo da je umiri, šapućući reči utehe, pomogao joj da legne pored njega, pod njega, uzeo je blago i gotovo bezvoljno od nekog dugotrajnog umora, ušao u nju i dopro do dna osećajući kako se grči i opušta i otvara se i sad, sad, da, sada, tako, oseka ih je vratila odmoru nauznak zagledani u prazno, osluškuju damare kiše koja protiče kroz žile noći tamo napolju, beskrajno veliki trbuh noći štiti od straha, od šipki u metrou i polomljenih lampi i šibica koje Dinina ruka nije htela da drži, koje je okretala nadole da sagore i da je izgore, skoro kao slučajno jer se u tami prostor i položaj stvari menjaju i čovek je neposredan kao dete, ali onda nova šibica ugašena među prstima, pobesnela kraba sva se izgorela u želji da uništi svetlo, zatim je Dina pokušala da upali poslednju šibicu drugom rukom pa je bilo još gore, Luću nije mogla da kaže a on je slušao šta ona radi u neodređenom strahu, sa bljutavom cigaretom. Vidiš da neće, opet isto. Šta opet isto. Pa to. Šta to. Ne, ništa, treba naći sveću. Ja ću je naći, daj mi šibice. Tu su pale, u ćošak. Budi mirna, čekaj. Ne, nemoj da ideš, molim te nemoj da ideš. Pusti me, naći ću ih. Hajdemo zajedno. Ne, pusti mene, ja ću da ih nađem, reci mi gde bi mogla da bude ta prokleta sveća. Tamo, na polici, ako upališ šibicu možda. Neće se videti ništa, pusti me. Odgurujući je nežno, razdvajajući joj ruke koje su ga stezale oko struka, ustajući polako. Trzaj koji je osetio na udu izmamio mu je krik, više od iznenađenja nego od bola, on munjevito zgrabi pesnicu koja ga je vezivala za Dinu opruženu nauznak i u jecajima, rastvori joj prste i snažno je odgurnu. Ču kako ga doziva, moli ga da se vrati, više se neće ponoviti, on je kriv što je bio tvrdoglav. Upravljao se prema mestu za koje je mislio da je ćošak i sagnuo se pored nečega što je moglo biti sto i poče da pipa tražeći šibice, učini mu se da je našao jednu ali je bila suviše dugačka, možda čačkalica, ni kutija nije tu, dlanovi su prelazili preko ofucanog tepiha, na kolenima se zavukao pod sto; na patosu kao da je bilo još mračnije, osećalo se na ustajalo, na dugo vreme. Oseti kako mu kandže puze preko leđa, penju se do zatiljka i kose, uspravi se u jednom pokretu odbacivši Dinu koja je vikala na njega i govorila nešto o svetlu na odmorištu u hodniku, ali naravno, kako na to nisu pomislili ranije, gde su vrata, tamo preko, nemoguće jer je sto sa strane, ispod prozora, kažem ti da su tamo, onda idi ti kad znaš, hajdemo zajedno, neću sad da ostanem sama, pusti me ili ću te udariti, ne, ne, kažem ti da me pustiš. Udarac ga ostavi samog pred jaukom, nešto pored njega je drhtalo, vrlo blizu; on ispruži ruke tražeći zid, zamišljajući vrata; dodirnu nešto toplo što ga je zaobišlo uz krik, njegova druga ruka se stegla oko Dininog vrata kao da steže rukavicu ili vrat crne mačkice, nešto mu kao žeravica opeče obraz i usne, zakači mu oko, on se baci unazad da bi se oslobodio toga što je i dalje krvnički stezalo Dinino grlo, pade nauznak na tepih, povuče se u stranu znajući šta će se desiti, topli vetar nad njim, splet noktiju na trbuhu i rebrima, rekla sam ti, rekla sam ti da ne može, da upališ sveću, potraži brzo vrata, vrata. Odvukavši se daleko od glasa koji je lebdeo negde u mračnom vazduhu, uz grcanje i dugo gušenje, nalete na zid, prođe uz njega uspravljajući se dok ne naiđe na dovratak, zavesu, još jednom dovratak, reza; ledeni vazduh pomešao se sa krvlju koja mu se slivala niz usne, pipao je tražeći prekidač za svetlo, začuo za sobom Dinin krik, udarac u staklena vrata, mora biti da je naletela na vrata čelom, nosem, vrata su mu se zalupila za leđima baš kada je pritiskao prekidač za svetlo. Sused koji ga je posmatrao sa vrata preko puta pogleda ga i uz prigušen uzvik uđe unutra i zalupi vrata, Lućo nag na odmorištu opsova i pređe prstima preko lica koje mu je gorelo dok je sve ostalo bilo hladnoća na odmorištu, koraci koji se trkom penju sa prvog sprata, otvori mi, smesta mi otvori, zaboga, otvori, evo svetla, otvori, ima svetla. Unutra tišina i kao čekanje, starica umotana u ljubičastu kućnu haljinu gleda odozdo, vrisak, besramniče, u ovo doba, pokvarenjače, policija, svi su isti, madam Rože, madam Rože! „Neće mi otvoriti", pomisli Lućo sedajući na prvi stepenik, brišući krv sa usta i iz očiju, „onesvestila se od udarca i sad je tamo na podu, neće mi otvoriti, uvek isto, hladno je, hladno." Poče da lupa na vrata kada je čuo glasove iz stana preko puta, brzi koraci starice koja je silazila dozivajući madam Rože, zgrada se budila i na donjim spratovima, pitanja i žamor, trenutak čekanja, go i sav u krvi, pobesneli ludak, madam Rože, otvori mi, Dina, otvori mi, nema veze što je uvek bilo tako, samo mi otvori, mi smo bili nešto drugo, Dina, mogli smo zajedno da nađemo, zašto si tamo na podu, šta sam ti učinio, zašto si naletela na vrata, madam Rože, ako mi otvoriš naći ćemo izlaz, videla si malopre, videla si kako je sve dobro išlo, samo da upalimo svetlo pa da nastavimo zajedno da tražimo, ali nećeš da mi otvoriš, plačeš, mjaučeš kao ranjena mačkica, čujem te, čujem te, čujem, madam Rože, u policiju, a vi, hiljadu vam majki Božijih što me špijunirate iza vrata, otvori, Dina, još uvek možemo da nađemo sveću, okupaćemo se, hladno mi je, Dina, evo stižu sa ćebetom, tipično, golog čoveka treba uviti u ćebe, moraću da im kažem da ležiš tamo, neka donesu još jedno ćebe, neka razvale vrata, neka ti obrišu lice, neka se pobrinu za tebe i zaštite te jer ja više neću biti tu, odmah će nas razdvojiti, videćeš, odneće nas dole odvojeno i odvešće nas daleko jedno od drugog, čiju ćeš ruku potražiti, Dina, koje ćeš lice izgrebati sada dok te nose, svi zajedno, i madam Rože.

BARKA ILI NOVA POSETA VENECIJI

Od mladosti me je dovodila u iskušenje ideja da iznova napišem književne tekstove koji bi me dirnuli, ali čija bi mi se izrada učinila ispod njihovih unutrašnjih mogućnosti; izgleda da su neke priče Orasija Kiroge dovele to iskušenje do krajnosti, te se ono završilo, kako je i najbolje, u ćutanju i napuštanju. Ono što bih pokušao da učinim iz ljubavi moglo je biti primljeno samo kao uvredljiva pedanterija; pristao sam na to da sam sa sobom žalim nad činjenicom da su mi neki tekstovi izgledali niži od onoga što je nešto u njima i u meni uzaludno tražilo.

Slučaj i jedan svežanj starih papira danas za mene otvaraju nešto nalik toj neostvarenoj želji, ali ovoga puta iskušenje je opravdano, jer je reč o mom sopstvenom tekstu, jednoj dugačkoj priči naslovljenoj Barka. *Na poslednjoj stranici rukopisa pronalazim belešku: „Kako je loša! Napisao sam je u Veneciji 1954; ponovo je čitam deset godina kasnije, i sviđa mi se, a tako je loša!"*

I tekst i beleška bili su zaboravljeni; još dvanaest godina sabralo se sa onih prethodnih deset, i dok sad ponovo čitam te stranice, slažem se sa svojom beleškom, samo što bih želeo da bolje razumem zašto mi se priča činila i još uvek mi se čini toliko loša, i zašto mi se sviđala i još uvek mi se sviđa.

Ono što sledi jeste pokušaj da samome sebi dokažem kako je tekst Barke *loše napisan zato što je lažan, zato što prolazi pored jedne istine koju svojevremeno nisam bio u stanju da shvatim, a koja mi se sada čini očiglednom. Da je ponovo pišem, bilo bi naporno i, na izvestan ne baš jasan način, neka vrsta neverstva, skoro kao kada bi to bila priča nekog drugog autora, a ja se upustio u pedanteriju koju sam pomenuo na početku. Mogu, međutim, da je ostavim onakvu kakva se rodila i da istovremeno pokažem šta sada uspevam da vidim u njoj. Tada Dora stupa na scenu.*

Da je Dora razmišljala o Pirandelu, od samog početka bi potražila autora da ga prekori zbog njegovog neznanja ili tvrdoglavog licemerja. Ali ja sam sada taj koji prilazi njoj da je konačno primoram da otvori karte. Dora ne može znati ko je autor priče, i njene kritike upućene su samo na račun onoga što se u priči događa kada se gleda iznutra, sa mesta na kojem ona postoji; ali to što su ti događaji tekst, a ona lik njegovog pisma, ne menja ništa u njenom podjednako tekstualnom pravu da se pobuni protiv hronike koju smatra nepotpunom ili podmuklom.

Tako danas s vremena na vreme Dorin glas prekida izvorni tekst, onaj isti — izuzev ispravki pukih detalja i izbacivanja kratkih odlomaka gde ima ponavljanja — koji sam rukom napisao u Pensione dei Dogi *1954. godine. Čitalac će u njemu pronaći sve ono što se meni čini loše kao pisanje a Dori loše kao sadržina, a što je, možda, još jednom uzajamna posledica jednog te istog uzroka.*

Turizam se poigrava svojim privrženicima, ubacuje ih u jednu varljivu temporalnost, čini da nam u Francuskoj iz džepa ispadaju engleski novčići viška, da u Holandiji uzaludno tražimo neki ukus koji pruža samo Poatje. Za Valentinu se mali bar u *via Quattro Fontane* svodio na Adrijana, na ukus čaše lepljivog martinija i na Adrijanovo lice kada joj se izvinio što ju je gurnuo pa je udarila u šank. Skoro da se i nije sećala da li je Dora bila sa njom tog jutra, sigurno jeste jer su Rim „odrađivale" zajedno, izgradivši jedno drugarstvo koje je počelo glupavo kao i tolika drugarstva u Kuku ili Ameriken Ekspresu.

Razume se da sam bila. Od početka se pravi da me ne vidi, svodi me na statistu, na nekoga ko se ponekad zgodno nađe pri ruci, a ponekad samo gnjavi.

U svakom slučaju, onaj bar u blizini *piazza Barberini* bio je Adrijano, još jedan putnik, još jedan bezbrižnik koji lunja onako kako svaki turista lunja po gradovima, kao avet među ljudima koji odlaze na posao i vraćaju se, imaju porodice, govore isti jezik i znaju šta se dešava u tom trenutku, a ne u arheologiji iz Plavog vodiča.

Od Adrijana su odmah nestale oči, kosa, odeća; ostala su samo velika i senzualna usta, usne koje bi malo zadrhtale pošto bi nešto rekao, dok bi slušao. „On sluša ustima", pomislila je Valentina kada se iz prvog razgovora izrodio poziv da u baru popiju famozni koktel, koji je Adrijano preporučio, a Bepo, mućkajući ga u iskričavoj hromiranoj posudi, nazvao draguljem Rima, Tirenom stavljenim u čašu sa svim svojim tritonima i hipokampima. Toga dana Dori i Valentini se Adrijano učinio simpatičan;

Hm.

nije izgledao kao turista (on je sebe smatrao za putnika i sa smeškom naglašavao razliku) i podnevni razgovor bio je još jedna čar Rima u aprilu. Dora ga je odmah zaboravila

Netačno. Treba praviti razliku između savoir faire i blebetanja. Niko kao što sam ja (ili Valentina, razume se) ne bi mogao tek tako zaboraviti nekoga kao što je Adrijano; ali ja sam pametna, i od prvog trenutka sam osetila da moja talasna dužina nije i njegova. Govorim o prijateljstvu, ne o nečemu drugom, jer se u tome nije ni moglo govoriti o talasima. A pošto nije ostalo ništa što bi bilo moguće, zašto gubiti vreme?

toliko zaokupljena posetama, Laterano, Sveti Kliment, sve za jedno popodne jer su odlazile dva dana kasnije, Kuk im je baš prodao komplikovanu turu; sa svoje strane, Valentina je pronašla izgovor u nekoj kupovini kako bi se sledećeg jutra vratila u Bepov bar. Kada je ugledala Adrijana, koji je stanovao u obližnjem hotelu, niko od njih dvoje nije se pretvarao da je iznenađen. Adrijano je išao za Firencu nedelju dana kasnije, pa su razgovarali o turama, kursu deviza, hotelima, vodičima. Valentina je verovala u autobuse, ali je Adrijano bio za voz; otišli su da rasprave to pitanje u jednoj tratoriji u Suburi, gde se jela riba u ambijentu živopisnom za one koji tu dođu samo jedanput.

Sa vodiča su prešli na obaveštenja o ličnim stvarima, Adrijano je saznao za Valentinin razvod u Montevideu a ona za njegov porodični život na imanju u blizini Osorna. Uporedili su utiske iz Londona, Pariza, Napulja. Malo-malo, pa bi Valentina pogledala Adrijanova usta, otvoreno ih je gledala u trenutku kada viljuška prinosi hranu usnama koje se razdvajaju da bi je primile, onda kada ne treba gledati. A on je to znao i stezao u ustima komadić pržene sipe kao da je jezik žene, kao da već ljubi Valentinu.

Netačno jer je nešto izostavljeno. Valentina nije tako gledala Adrijana, nego svaku osobu koja ju je privlačila; sa mnom je to učinila čim smo se upoznale pred šalterom Ameriken Ekspresa, i znam da sam se upitala nije li ona kao ja; onaj način na koji je upirala u mene pogled svojih uvek malo razrogačenih očiju... Skoro odmah sam saznala da nije, lično mi ne bi smetalo da se zbližim sa njom ako bi to bio deo one no man's land *na putovanju, ali kada smo odlučile da odemo u isti hotel znala sam da postoji nešto drugo, da taj pogled dolazi od nečega što je moglo biti strah ili potreba da zaboravi. To su preterane reči u vreme kada nije bilo ničega osim običnog smejanja, šampona i turističke sreće; ali kasnije... U svakom slučaju Adrijano je morao shvatiti kao kompliment ono što bi dobio i neki ljubazan barmen ili prodavačica novčanika. Uzgred budi rečeno, u tome ima i plagijata* avant la lettre *jedne čuvene scene iz* Toma Džonsa *na filmu.*

Poljubio ju je tog popodneva, u svom hotelu u *via Nazionale*, pošto je Valentina telefonirala Dori da joj kaže da neće ići sa njom u Karakaline terme.

Kakvo besmisleno trošenje telefona!

Adrijano je tražio da se donese ohlađeno vino, u njegovoj sobi bilo je engleskih časopisa i jedan ogroman prozor okrenut ka zapadnom nebu. Samo im je krevet na kraju bio neudoban jer je bio suviše tesan, ali muškarci kao što je Adrijano skoro uvek vode ljubav u uzanim krevetima, a Valentina je imala suviše loših uspomena iz bračnog kreveta da se ne bi obradovala promeni.
Ako je Dora nešto i slutila, prećutala je to.

Netačno: već sam znala. Tačno: prećutala sam.

Valentina joj je te večeri kazala da je slučajno srela Adrijana i da će ga možda ponovo sresti u Firenci; kada su ga tri dana kasnije videle kako izlazi iz Or San Mikele, Dora je izgledala najzadovoljnija od sve troje.

U takvim slučajevima žena treba da se pravi glupa, da je ne bi smatrali glupom.

Adrijano je iznenada zaključio kako ga razdvajanje baca u očaj. Odjednom je shvatio da mu Valentina nedostaje, da mu nije bilo dovoljno obećanje da će se ponovo sresti, da će provoditi sate zajedno. Osećao je ljubomoru prema Dori, jedva ju je skrivao, dok je ona – ružnija, prostija – ponavljala stvari koje je vredno pročitala u vodiču Italijanskog Turing kluba.

Nikada nisam koristila vodiče Italijanskog Turing kluba jer su mi izgledali nerazumljivi; Mišlen na francuskom bio mi je više nego dovoljan. Passons sur le reste.

Kada su se našli u Adrijanovom hotelu, predveče, Valentina je procenila razliku između tog sastanka i onog prvog u Rimu; sada su mere predostožnosti bile preduzete, krevet je bio savršen, i na jednom čudnovato inkrustiranom stolu čekala ju je kutijica umotana u plavu hartiju, a unutra jedna divna firentinska kameja koju je ona – mnogo kasnije, dok su pili sedeći pored prozora – zakačila na grudi lakim, skoro familijarnim pokretom nekoga ko okreće ključ u svojoj svakidašnjoj bravi.

Ne mogu znati kakvi su bili Valentinini pokreti u tom trenutku, ali u svakom slučaju nikada nisu mogli biti laki; sve je kod nje bilo čvor, beočug, bič. Tokom noći, iz svoga kreveta sam je posmatrala kako se okreće pre nego što legne, uzimajući i ostavljajući po nekoliko puta bočicu sa mirisom, kutijicu sa tabletama, odlazeći do prozora kao da je čula neke neobične šumove; ili kasnije, dok bi spavala, način na koji bi zajecala usred sna, budeći me iznenada, terajući me da pređem u njen krevet, da joj ponudim čašu vode, da je milujem po čelu sve dok ponovo ne zaspi, smirenija. I njena izazivanja one prve noći u Rimu kada je došla da sedne pored mene, ti me ne poznaješ, Dora, nemaš predstave šta ja sve držim unutra, ta praznina sa ogledalima koja mi pokazuju jednu ulicu u Punta del Este, jedno dete koje plače zato što ja nisam tu. Laki, njeni pokreti? Meni su, barem, oni od samog početka pokazivali da nemam šta da očekujem od nje na planu osećanja, osim drugarstva. Teško mogu da zamislim kako Adrijano, ma koliko muški slep bio, nije posumnjao da Valentina ljubi jedno ništa u njegovim ustima, da će i pre i posle ljubavi Valentina i dalje plakati u snu.

Do tada se nije zaljubljivao u svoje ljubavnice; nešto ga je nagonilo da ih uzima previše rano a da bi stvorio auru, neophodnu zonu tajanstva i želje, da bi priredio onaj mentalni lov koji bi se jednom mogao nazvati ljubav. Sa Valentinom je bilo isto, ali u danima dok su bili razdvojeni, onih poslednjih večeri u Rimu i na putovanju do Firence, nešto drugo je eksplodiralo u Adrijanu. Bez iznenađenja, bez poniznosti, skoro bez čuđenja, video ju je kako se pojavljuje u zlatnoj senci Or San Mikelea, izniknuvši iz Orkanjinog tabernakula kao da se neka od bezbroj kamenih figurica odvojila sa spomenika kako bi mu pošla u susret. Možda je tek tada shvatio da se zaljubljuje u nju. Ili možda posle, u hotelu, kada je Valentina plakala grleći ga, ne objašnjavajući mu ništa, prepustivši se kao neka devojčica koja se predaje jednoj odavno suzdržavanoj potrebi i pronalazi olakšanje pomešano sa stidom, sa osudom.

Neposredno i spolja, Valentina je plakala što je susret tako kratak. Adrijano će produžiti svojim putem nekoliko dana kasnije; neće se više sresti, jer je ta epizoda spadala u vulgaran kalendar godišnjih odmora, u okvir hotela i koktela i ritualnih fraza. Samo će tela izaći zadovoljena, kao i uvek, ali on će na trenutak biti sit kao pas koji je upravo sažvakao pa se bacio na sunce uz zadovoljno režanje. Sam po sebi susret je bio savršen, tela stvorena da bi se stiskala, preplitala, odlagala ili izazivala uživanje. Ali dok je gledala Adrijana kako sedi na ivici kreveta (a on je nju gledao svojim ustima sa debelim usnama) Valentina je osetila da je ritual upravo obavljen bez ikakvog stvarnog sadržaja, da su oruđa strasti prazna, da duh nije u njima. Sve joj je to bilo podnošljivo, pa joj je čak i pogodovalo u drugim kratkim susretima, ali ovoga puta je, međutim, poželela da zadrži Adrijana, da odloži trenutak kada će se obući i izaći, te pokrete koji na neki način već najavljuju rastanak.

Ovde je nešto trebalo da bude rečeno bez reči, samo slušajući neki neodređeni šum. I mene je Valentina tako pogledala dok smo se kupale i oblačile u Rimu, pre Adrijana; i ja sam osetila da joj to prekidanje neprekidnosti pričinjava bol, baca je u budućnost. Prvi put sam napravila grešku i nagovestila joj to, prišla joj i pomilovala je po kosi i predložila da naručimo da nam donesu piće, da ostanemo da gledamo zalazak sunca sa prozora. Njen odgovor bio je suv, nije ona došla čak iz Urugvaja da bi sedela u hotelu. Pomislila sam da naprosto i dalje nema poverenja u mene, da je pripisala tačno značenje onom nagoveštaju milovanja, kao što sam ja loše protumačila njen prvi pogled u putničkoj agenciji. Valentina je gledala, ne znajući tačno zašto; mi ostali smo bili ti koji su popuštali pod tim nejasnim ispitivanjem što je u sebi imalo nečega od proganjanja, ali proganjanja koje se nije ticalo nas.

Dora ih je čekala u jednom od kafea na Sinjoriji, upravo je otkrila Donatela i objašnjavala ga je prenaglašeno, kao da joj oduševljenje služi kao putno ćebe, kao da joj pomaže da prikrije neku ljutnju.

– Naravno da ćemo ići da viđimo skulpture – reče Valentina – ali ovog popodneva nismo mogli da odemo u muzej, previše je sunca da bi se išlo u muzeje.

– Nećete ovde ostati toliko vremena da biste mogli sve to da žrtvujete suncu.

Adrijano neodređeno odmahnu glavom, sačeka Valentinine reči. Teško je mogao da dokuči šta Dora znači Valentini, da li je njihovo zajedničko putovanje već ranije bilo utvrđeno pa se nije moglo menjati. Dora se vraćala na Donatela, nagomilavala je beskorisne podatke kakvi se daju u odsustvu samog dela; Valentina je gledala toranj Sinjorije, mahinalno je potražila cigarete.

Čini mi se da se baš tako desilo, i da je Adrijano po prvi put zaista patio, uplašio se da ja ne predstavljam neprikosnovenost putovanja, kulturu kao obavezu, rezervacije za vozove i hotele. Ali da ga je neko upitao za neko drugo moguće rešenje, mogao bi se setiti samo nečega sličnog pored Valentine, bez tačnog cilja.

Sledećeg dana su otišli u Ufici. Kao da beži od nužnosti odluke, Valentina se grčevito hvatala za Dorino

prisustvo kako ne bi ostavila mesta za Adrijana. Samo na sasvim kratak trenutak, kada je Dora zaostala da pogleda neki portret, on je mogao da izbliza razgovara sa njom.
— Doći ćeš popodne?
— Da — reče Valentina ne gledajući ga — u četiri.
— Toliko te volim — promrmlja Adrijano, dotičući joj rame skoro stidljivim prstima. — Valentina, toliko te volim.
Ulazila je grupa američkih turista kojima je prethodio unjkav glas vodiča. Razdvojila su ih njihova isprazno željna lica, lažno zainteresovana za slikarstvo koje će zaboraviti jedan sat kasnije uz špagete i vino u *Castelli Romani*. I Dora je stigla prelistavajući svoj vodič, izgubljena jer joj se brojevi kataloga nisu poklapali sa okačenim slikama.

Kad smo već kod toga, naravno. Pustiti ih da razgovaraju, da se sastaju, da se nasite. On ne, to sam već znala, nego ona. Pa ni da se nasiti, nego pre da se vrati večnom nagonu za bekstvom koje bi je možda vratilo mom načinu da je pratim ne proganjajući je, da naprosto čekam pored nje makar to ničemu ne služilo.

— Toliko te volim — ponavljao je tog popodneva Adrijano nadnevši se nad Valentinu koja se odmarala ležeći nauznak. — Osećaš to, zar ne? Nije u rečima, nema nikakve veze sa time da se kaže, da mu se traže imena. Reci mi da osećaš, da ne umeš to sebi da objasniš, ali osećaš to sada kad...
Sakrio je lice između njenih dojki, ljubeći je dugo kao da ispija groznicu koja je kucala u Valentininoj koži, a ona ga je milovala po kosi nekim dalekim, rasejanim pokretom.

Danuncio je živeo u Veneciji, zar ne? Osim ako to holivudski scenaristi ...

– Da, voliš me – reče ona. – Ali kao da se i ti nečega plašiš, ne toga da me voliš, nego... Možda to i nije strah, nego pre neka teskoba. Brine te šta će sada biti.
– Da znam šta će biti, ne znam; nemam ni najmanju predstavu. Kako da se plašim tolike praznine? Moj strah si ti, to je konkretan strah, sada i ovde. Ne voliš me onako kako ja tebe volim, Valentina, ili me voliš na drugi način, ograničen i suzdržan, ko zna iz kojih razloga.
Valentina ga je slušala zatvorivši oči. Polako, istovremeno sa onim što joj je on upravo rekao, nazirala je nešto iza, nešto što je u početku bila samo neka praznina, neki nemir. Osećala se previše srećna u tom trenutku da bi dopustila da se i najmanja greška uvuče u taj savršen i čist trenutak kada su se oboje voleli bez ikakve druge misli osim te da ne žele da misle. Ali nije mogla ni samu sebe da spreči u tome da shvati Adrijanove reči. Između njih se iznenada postavila krhkost te turističke situacije pod pozajmljenim krovom, među tuđim čaršavima, pod pretnjom voznog reda, tura koje vode ka različitim životima, iz nepoznatih i verovatno suprotstavljenih razloga, kao i obično.
– Ne voliš me onako kako ja tebe volim – ponovio je Adrijano, zamerajući joj. – Služim ti, služim ti kao što ti služi nož ili kelner, ništa više.
– Molim te – reče Valentina. – *Je t' en prie.*
Toliko je teško primetiti razlog zbog kojeg više nisu bili srećni svega nekoliko trenutaka posle nečega što kao da je bilo sreća.
– Vrlo dobro znam da ću morati da se vratim – reče Valentina ne sklanjajući prste sa Adrijanovog žudnog lica. – Moj sin, moj posao, tolike obaveze. Moj sin je jako mali, jako bespomoćan.
– I ja moram da se vratim – rekao je Adrijano skrećući pogled. – I ja imam svoj posao, hiljadu stvari.
– Vidiš.
– Ne, ne vidim. Kako da vidim? Ako me primoraš da na to gledam kao na neku epizodu sa putovanja, oduzimaš sve, gnječiš sve to kao neku bubu. Volim te, Va-

lentina. Voleti znači više nego sećati se ili spremati se za sećanje.
— Ne treba meni to da pričaš. Ne, ne meni. Strahujem od vremena, vreme je smrt, njena užasna maska. Zar ne shvataš da smo se voleli uprkos vremenu, da vreme treba poricati?
— Shvatam — reče Adrijano, sručivši se na leđa pored nje. — Ali ti prekosutra ideš u Bolonju, a ja dan kasnije u Luku.
— Ćuti.
— Zašto? Tvoje vreme je Kukovo vreme, ma koliko se ti trudila da ga ispuniš metafizikom. O mom vremenu, naprotiv, odlučuje moj trenutni hir, moje zadovoljstvo, vozni redovi koji mi odgovaraju ili koje odbacujem.
— Vidiš — promrmlja Valentina. — Vidiš kako moramo da priznamo ono što je očigledno. Šta nam drugo preostaje?
— Da pođeš sa mnom. Ostavi svoj famozni izlet, ostavi Doru koja priča o stvarima o kojima ništa ne zna. Hajdemo zajedno.

On misli na moje oduševljenje slikarstvom, nećemo raspravljati o tome da li je u pravu. U svakom slučaju, oboje govore svako držeći svoje ogledalo pred sobom, savršeni dijalog za bestseler, da se ničim naročitim ispune dve stranice. Te jeste, te nije, te vreme... Meni je sve bilo tako jasno, Valentina piuma al vento, neurotična i depresivna i dvostruka doza valijuma uveče, stara, prastara slika našeg mladog doba. Opklada sa samom sobom (sada se dobro sećam): od dva zla, Valentina će izabrati manje, mene. Sa mnom neće imati nikakvih problema (ako mene izabere); na kraju putovanja zbogom, draga, tako je bilo slatko i lepo, zbogom, zbogom. Sa Adrijanom, naprotiv... Obe smo osetile isto: sa Adrijanovim ustima nema igranja. Te usne... (Kad samo pomislim da im je ona dozvolila da upoznaju svaki kutak njene kože; ima stvari koje prevazilaze moje moći, naravno da je to pitanje libida, we know we know).

Bilo je, međutim, lakše poljubiti ga, popustiti pred njegovom snagom, meko kliznuti pod talas tela koje ju je obavijalo; bilo je lakše predati se nego uskratiti mu to pristajanje koje je on, ponovo izgubljen u uživanju, već zaboravljao.

Valentina je ustala prva. Voda iz tuša dugo ju je šibala. Ogrnuvši bademantil, vratila se u sobu u kojoj je Adrijano još bio u krevetu, pridigao se i smeškao joj se kao iz nekog etrurskog sarkofaga, pušeći lagano.

– Hoću sa balkona da vidim kako se smrkava.

Na obalama Arna, hotel je primao poslednje zrake. Još nisu bila upaljena svetla na *Ponte Vecchio*, a reka je bila ljubičasta traka sa svetlim prugama, nadletali su je mali šišmiši koji su lovili nevidljive insekte; na još većoj visini, škljocale su makaze lastavica. Valentina se zavalila u stolici za ljuljanje, udahnula već svež vazduh. Osvajao ju je sladak umor, mogla bi da zaspi; možda je na trenutak i zaspala. Ali u tom međuvremenu prepuštanja i dalje je razmišljala o Adrijanu i o vremenu, jednolične reči vraćale su se kao refren neke glupe pesmice, vreme je smrt, maska smrti, vreme je smrt. Gledala je nebo, lastavice koje su igrale svoje prozračne igre, cičeći kratko kao da grebu dubokoplavu keramiku predvečerja. I Adrijano je bio smrt.

Čudno. Odjednom je došlo do dna, a počelo je sa toliko pogrešnih pretpostavki. Možda je uvek tako (razmišljati o tome drugog dana, u drugom kontekstu). Začuđuje kako bića toliko udaljena od sopstvene istine (Valentina više nego Adrijano, tačno) u pojedinim trenucima budu u pravu; naravno da to ne primećuju, a tako je i bolje, ono što sledi to i dokazuje. (Hoću da kažem da je tako bolje za mene, kad se bolje razmisli.)

Uspravila se, ukočeno. I Adrijano je smrt. Ona je to pomislila? I Adrijano je smrt. To nije imalo nikakvog smisla, pomešala je reči kao u nekoj dečijoj brzalici, pa se pojavila ta besmislica. Ponovo se opružila, opustila se, i ponovo pogledala lastavice. Možda i nije tako besmisleno; u svakom slučaju, to što je pomislila važilo je samo kao metafora, jer bi odricanje od Adrijana značilo da ubija nešto u sebi, to bi je iščupalo iz nekog trenutnog dela same sebe, ostavilo je nasamo sa nekom drugačijom Valentinom, Valentinom bez Adrijana, bez Adrijanove ljubavi, ako je to mucanje od svega nekoliko dana bilo ljubav, ako je u njoj samoj bilo ljubav to besno predavanje jednom telu koje ju je preplavilo, pa je nekako iscrpljenu vratilo večernjem prepuštanju. Dečije brzalice, en, den, dinu, ali ona nije mogla da odustane od svoje ture, da ostane sa Adrijanom. Saučesnica smrti, onda, pustiće ga da ode u Luku samo zato što je to bilo neizbežno na kratak ili na dugi rok, tamo u daljini, Buenos Ajres i njen sin bili su kao lastavice nad Arnom, slabašno su cičali, dozivali u predvečerje koje se razlivalo kao crno vino.

– Ostaću – promrmlja Valentina. – Volim ga, volim ga. Ostaću i povešću ga jednoga dana sa sobom.

Dobro je znala da neće biti tako, da Adrijano neće promeniti svoj život zbog nje, da neće zameniti Osorno za Buenos Ajres.

Kako je to mogla da zna? Sve upućuje na suprotnu stranu; Valentina je ta koja nikada neće za Osorno zameniti Buenos Ajres, svoj udoban život, svoje rioplatenjske navike. U stvari, ne verujem da je ona mislila to što joj pripisuju da je mislila; tačno je i da kukavičluk ima sklonosti da projektuje na druge sopstvenu odgovornost, i tako dalje.

Osećala se kao da lebdi u vazduhu, skoro tuđa svome telu, samo strah i nešto nalik zebnji. Gledala je jato lastavica koje se ugrozdilo nad sredinom reke, leteći u širokim krugovima. Jedna lastavica se udaljila od ostalih, gubeći visinu, prilazeći bliže. Kada je izgledalo da će ponovo uzleteti, nešto se pokvarilo u čudesnoj mašineriji. Kao kakav mutan komad olova, okrećući se oko sebe, ukoso se strmoglavila i muklo udarila kraj Valentininih nogu, u balkon.

Adrijano je čuo krik i dotrčao. Valentina je pokrila lice i užasno je drhtala, sklonivši se na drugi kraj balkona. Adrijano vide mrtvu lastavicu i odgurnu je nogom. Lasta pade na ulicu.

— Dođi, uđi unutra — reče on, uhvativši Valentinu za ramena. — Ništa to nije, prošlo je. Uplašila si se, sirota draga.

Valentina je ćutala, ali kada joj je on razdvojio ruke i video joj lice, prestravio se. On je time samo podražavao njen strah, možda onaj konačni strah lastavice koja se razbila kao gromom pogođena u vazduhu što je iznenada, divalj i surov, prestao da je održava.

Dora je volela da ćaska pre spavanja, pa je pola sata provela pričajući o tome šta ima novo na *Fiesole* i *piazzale* Mikelanđelo. Valentina ju je slušala kao iz daljine, izgubljena u nekom unutrašnjem žamoru koji nije mogla da pobrka sa razmišljanjem. Lastavica je bila mrtva, umrla je u punom letu. Najava, nagoveštaj. Kao da su u nekom začuđujuće jasnovidom polusnu Adrijano i lastavica počeli da se mešaju sa njom, rastvarajući se u skoro divljačkoj želji za bekstvom, za zamahom. Nije se osećala krivom ni za šta, ali je osećala krivicu po sebi, lasta kao krivica koja muklo pada kraj njenih nogu.

U nekoliko reči kazala je Dori da će promeniti planove, da će produžiti pravo za Veneciju.

— Zateći ćeš me tamo u svakom slučaju. Samo ću poći nekoliko dana ranije, stvarno više volim da ostanem sama nekoliko dana.

Dora kao da se nije preterano iznenadila. Šteta što će Valentina propustiti Ravenu, Feraru. U svakom slučaju razumljivo joj je to što hoće da ode pravo u Veneciju, i to sama; bolje je da dobro vidi jedan grad, nego dva-tri, ali loše... Valentina je već više nije slušala, izgubljena u svom mentalnom bekstvu, u trci koja je trebalo da je udalji od sadašnjosti, od balkona nad Arnom.

Ovde čovek skoro uvek pogodi ako pođe od greške, eto ironije, eto veselja. Prihvatam to da nisam bila preterano iznenađena i da sam ispunila svoju obavezu kroz lip service *neophodan da bi se Valentina umirila. Nije, međutim, poznato da je izostanak iznenađenja kod mene imao druge izvore, Valentinin glas i lice ispričali su mi događaj sa balkona, što je sve bilo u tolikoj nesrazmeri, osim ako čovek to ne bi osećao onako kako ga je ona osećala, kao najavu koja dolazi van svake logike i otuda je neodoljiva. A ne zna se ni za slatku, surovu slutnju da je Valentina pomešala razloge za svoj strah, mešajući mene sa Adrijanom. Njena ljubazna distanca te noći, brzina s kojom se umila i legla ne dajući mi ni najmanju priliku da podelimo ogledalo u kupatilu, rituale pod tušem,* le temps d'un sein nu entre deux chemises. *Adrijano, jeste, recimo da jeste, da je Adrijano. Ali otkud tako da legne, okrenuvši mi leđa, rukom prekrivši lice kako bi mi stavila do znanja da što pre ugasim svetlo, da je pustim da spava bez ijedne reči više, čak i bez onog blagog poljupca za laku noć između dve prijateljice na putovanju?*

U vozu je malo bolje razmislila, ali strah je i dalje bio tu. Od čega je bežala? Nije bilo lako prihvatiti rešenja koja je nalagala obazrivost, pohvaliti samu sebe zato što je na vreme pokidala veze. Ostala je zagonetka straha, kao da je Adrijano, siromah Adrijano, đavo, kao da je iskušenje da se zaista zaljubi u njega balkon koji vodi u prazninu, poziv na nezaustavljiv skok.

Valentina je neodređeno pomislila kako beži od same sebe pre nego od Adrijana. Čak i brzina kojom mu se podala u Rimu pokazivala je da se ona opire svakoj ozbiljnosti, svakom temeljnom novom početku. Ono temeljno ostalo je s druge strane mora, zauvek razbijeno u paramparčad, sada je došlo vreme za neobuzdane pustolovine, kao i za ono pre i tokom puta, prihvatanje okolnosti bez moralnih i logičkih analiziranja, Dorino uzgredno društvo kao ishod susreta na šalteru u putničkoj agenciji, Adrijano na drugom šalteru, u vreme određeno za koktel ili za neki grad, trenuci i uživanja magloviti kao nameštaj po hotelskim sobama koje ostaju za njom.

Uzgredno društvo, jeste. Ali želim da verujem kako ima još nečega u tom pomenu u kojem se barem izjednačavam sa Adrijanom, kao dve stranice trougla, na kojem je treća stranica jedan šalter.

Međutim, Adrijano je iz Firence krenuo ka njoj, polažući na nju pravo kao vlasnik, a ne više kao prolazni ljubavnik iz Rima; što je još gore, tražio je uzajamnost, očekivao ju je i iziskivao. Možda se strah rađao baš iz toga, to nije bilo ništa drugo do jedan prljavi i niski strah od komplikacija u životu, Buenos Ajres / Osorno, ljudi, deca, stvarnost koja bi se toliko drugačije uklapala u kalendar zajedničkog života. A možda i ne: iza je uvek nešto drugo, neuhvatljivo kao lastavica u letu. Nešto što bi iznenada moglo da se obruši na nju, neko mrtvo telo koje bi je udarilo.

Hm. Zašto joj je išlo loše s muškarcima? Dok razmišlja onako kako je predstavljaju da razmišlja, postoji slika nečega priteranog uza zid, nečega opkoljenog: duboka istina, okružena lažima nepopravljivog konformizma. Sirotica, sirotica.

Prvi dani u Veneciji bili su sivi i skoro hladni, ali trećeg je od ranog jutra blesnulo sunce i odmah zatim stigla je vrućina, rasuvši se zajedno sa turistima koji su oduševljeno izlašli iz hotela i napunili Trg Svetog Marka i Merćeriju u veselom neredu boja i jezika.

Valentinu je radovalo da se prepusti ritmičnoj zmiji koja se penjala Merćerijom u pravcu Rijalta. Svaki zavijutak, most Baretijeri, San Salvatore, mračno dvorište za poštanske kočije u *Fondaco dei Tedeschi*, primali su je sa onim bezličnim mirom kakav Venecija ima za svoje turiste, toliko različitim od grčevitog iščekivanja jednog Napulja ili širokog predavanja vidika jednog Rima. Povučena, uvek tajanstvena, Venecija se još jednom igrala skrivanja svog pravog lica, osmehujući se bezlično u iščekivanju pogodnog dana i časa kada će, svojom voljom da se istinski pokaže, dobrom putniku platiti za njegovu vernost. Sa Rijalta Valentina vide gizdavi Kanal Grande, i začudi se neočekivanoj udaljenosti između nje i te raskoši od voda i gondola. Zašla je u uličice koje su je od *campo* do *campo* vodile do crkava i muzeja, izbila je na molove odakle su se mogle videti fasade velikih palata nagrizenih olovnosivim i zelenkastim vremenom. Sve je to ona videla, svemu se divila, znajući, međutim, da su njene reakcije konvencionalne i skoro iznuđene, kao uvek iznova ponavljane pohvale fotografijama koje nam neko pokazuje u svom porodičnom albumu. Nešto – krv, teskoba, ili samo želja za životom – kao da je ostalo za njom. Valentina odjednom omrznu uspomenu na Adrijana, bila joj je odvratna drskost tog Adrijana koji je napravio grešku da se zaljubi u nju. Njegova odsutnost činila ga je još mrskijim jer je njegova greška bila od onih koje se kažnjavaju ili opraštaju samo lično. Venecija

Kada je izbor već napravljen, od Valentine se traži da razmišlja prema nečijem nahođenju, ali tu su i druge mogućnosti, ako se ima na umu da je ona rešila da u Veneciju ode sama. *Da li se preterane reči kao što su mržnja i odvratnost zaista odnose na Adrijana? Dovoljno je promeniti sočivo, pa da ne bude Adrijano taj na koga Valentina misli dok luta po Veneciji. Zato je moje ljubazno firentinsko nepoverenje bilo neophodno, Adrijano je i dalje morao biti projektovan u središte jedne radnje koja će me možda tako, možda pred kraj puta, vratiti na onaj početak, kada sam se nadala onako kako sam još uvek bila kadra da se nadam.*

joj je izgledala kao veličanstvena pozornica bez glumaca, bez onog soka koji stvara učestvovanje. Tako je bolje, ali i mnogo gore; koračati uličicama, zadržavati se na mostićima koji kao kapak prekrivaju san kanala, počinjalo je da liči na košmar. Probuditi se, probuditi se na svaki način, ali Valentina je osećala da bi samo nešto što bi ličilo na bič moglo da je razbudi. Prihvatila je ponudu jednog gondolijera koji joj je nudio da je odveze do Svetog Marka kroz kanale sa unutrašnje strane; sedeći u staroj fotelji od crvenih jastučića osetila je kako je Venecija počela blago da se pomera, da prolazi kroz nju koja ju je posmatrala ukočenim pogledom, tvrdoglavo uprtim u samu sebe.

– Ca d'Oro – reče gondolijer prekidajući dugu tišinu, i rukom joj pokaza fasadu palate. Potom, ulazeći u *rio San Felice*, gondola se izgubi u mračnom i tihom lavirintu koji je mirisao na buđ. Valentina se, kao i svaki turista, divila veslačevoj besprekornoj veštini, načinu na koji je on proračunavao zaokrete i zaobilazio prepreke. Osećala je da joj je on iza leđa, nevidljiv ali živ, dok zaranja veslo skoro bez šuma, razmenivši s vremena na vreme poneku kratku rečenicu na dijalektu s nekim na obali. Skoro da ga i nije pogledala kada se ukrcala, učinio joj se kao i većina gondolijera, visok i vitak, tela utegnutog u tesne crne pantalone, u kaputiću koji je donekle ličio na španski, sa šeširom od žute slame sa crvenom trakom. Više se sećala njegovog glasa, slatkog ali ne i prostačkog, kako joj nudi: *Gondola, signorina, gondola, gondola.* Ona je pristala na cenu i na putanju, rasejano, ali sada kada joj je čovek skrenuo pažnju na *Ca d'Oro* i kada je ona morala da se okrene kako bi je videla, primetila je snagu njegovih crta, skoro veličanstven nos i male, lukave oči; mešavina taštine i proračunatosti, prisutna i u ne preterano snažnom trupu i relativno maloj glavi, sa nečim od zmije na mestu gde se vrat spaja sa telom, možda u pokretima koje mu je nametalo ritmično veslanje.

Ponovo pogledavši u pravcu kljuna, Valentina vide kako nailazi neki mostić. Već je ranije u sebi rekla kako bi bilo divno proći ispod mosta, izgubiti se na trenutak pod njegovom šupljinom iz koje se cedi buđ, zamišljati prolaznike gore, ali sada je primicanje mosta gledala sa nekom neodređenom teskobom, kao da je to ogroman poklopac nekog kovčega koji će se zatvoriti nad njom. Naterala se da nakratko ostavi oči otvorene, dok nisu prošli ispod, ali joj je bilo teško, i kada se uzana traka blistavog neba opet pojavila nad njom, ona zbunjeno mahnu u znak zahvalnosti. Gondolijer joj je pokazivao drugu palatu, od onih što daju da se vide samo sa kanala sa unutrašnje strane, koje prolaznici ni ne naslućuju, jer vide samo vrata za služinčad, ista kao i tolika druga. Valentina bi volela da priča o tome, da je zainteresuju sasvim obične informacije koje joj je gondolijer davao; odjednom joj je bilo potrebno da bude pored nekoga ko je istovremeno živ i tuđ, da se upusti u razgovor koji bi je odvojio od tog odsustva, od toga ništa koje joj je kvarilo dan, i sve živo. Ona ustade i pređe da sedne na tanku prečku smeštenu bliže kljunu. Gondola se na trenutak zaljuljala

Ako je to „odsustvo" bio Adrijano, ne vidim srazmeru između prethodnog Valentininog ponašanja i te angst što joj kvari šetnju u gondoli koja uostalom uopšte nije jeftina. Nikada neću saznati kakve su bile njene venecijanske noći u hotelu, soba bez reči i bez priče o tome kako je prošao dan; možda je Adrijanovo odsustvo sve više pritiskalo Valentinu, ali još jednom kao maska za neku drugu udaljenost, za drugi nedostatak sa kojim ona nije htela ili nije mogla da se suoči. (Wishful thinking, možda; ali, šta je sa čuvenom ženskom intuicijom? One noći kada smo istovremeno posegnule za teglicom sa kremom i kada se moja ruka spustila preko njene, kada smo se pogledale... Zašto nisam dovela do kraja milovanje koje je započeo slučaj? Na neki način sve kao da je ostalo da lebdi u vazduhu, između nas dve, a šetnje u gondoli su, kao što je poznato, sredstvo za iskopavanje polusna, sete i pokajničkog preslišavanja.)

ali veslača kao da nije začudilo ponašanje njegove putnice. A kada ga je ona uz osmeh upitala šta je to rekao, on ponovi svoja obaveštenja uz više pojedinosti, zadovoljan zbog zanimanja koje je pobudio.

– Šta ima sa druge strane ostrva? – raspitivala se Valentina na svom početničkom italijanskom.

– S druge strane, *signorina*? Na *Fondamenta Nuove*?

– Ako se tako zove... Hoću da kažem, s druge strane, tamo gde turisti ne idu.

– Da, *Fondamenta Nuove* – reče gondolijer, koji je sada veslao jako sporo. – Pa eno, odande polaze brodovi za Burano i Torčelo.

– Još nisam bila na tim ostrvima.

– Mnogo je zanimljivo, *signorina*. Fabrika čipki. Ali ova strana nije tako zanimljiva, jer *Fondamenta Nuove* ...

– Volim da upoznajem mesta koja nisu turistička – reče Valentina marljivo ponavljajući želju svakog turiste. – Šta još ima na *Fondamenta Nuove*?

– Preko puta ima jedno groblje – reče gondolijer. – Nije zanimljivo.

– Na ostrvu?

– Da, preko puta *Fondamenta Nuove*. Vidite, *signorina, ecco Santi Giovanni e Paolo. Bella chiesa, bellisima... Ecco Il Colleone, capolavoro del Verrocchio...*

„Turisti", pomisli Valentina. „Oni i mi, jedni da bi objašnjavali, a drugi da bi verovali da razumemo. Na kraju krajeva, da vidimo tu tvoju crkvu, da vidimo taj tvoj spomenik, *molto interesante, vero...*"

Koliko jeftine izveštačenosti, na kraju krajeva. Predstavlja se kao da Valentina govori i razmišlja kada je reč o glupostima; sve ono drugo je ćutanje ili pripisivanje koje je skoro uvek usmereno u pogrešnom pravcu. Zašto ne čujemo šta je Valentina mogla promrmljati pre nego što je zaspala, zašto ne znamo više o njenom telu u samoći, o njenom pogledu dok je otvarala prozor u hotelu svakoga jutra?

Gondola je pristala kod *Riva degli Schiavoni*, kod *piazzete* prepune šetača. Valentina je bila gladna i unapred se dosađivala misleći na to kako će ručati sama. Gondolijer joj je pomogao da se iskrca, primio od nje blistav osmeh i napojnicu.

– Ako *signorina* bude htela da ponovo ide u šetnju, ja sam uvek tu – pokazao je malo pristanište u daljini, obeleženo sa četiri stuba sa fenjerčićima. – Zovem se Dino – dodade, dotakavši traku na šeširu.

– Hvala – reče Valentina. Htela je da se udalji, da utone u plimu ljudi, u svu tu viku i škljocanje aparata. Tu iza nje ostaće jedino živo biće sa kojim je razmenila nekoliko reči.

– Dino.
– *Signorina*?
– Dino... gde može dobro da se jede?

Gondolijer se iskreno nasmejao, ali pogledao je u Valentinu kao da u isto vreme shvata da to pitanje nije obična glupost jednog turiste.

– *Signorina* zna za *ristoranti* na Kanalu? – upitao je malo nasumice, ispipavajući teren.

– Znam – reče Valentina, koja nije znala za njih. – Hoću da kažem, neko mirno mesto, gde nema mnogo ljudi.

– Gde nema mnogo ljudi... kao *signorina*? – surovo reče muškarac.

Valentina mu se nasmešila, bilo joj je zabavno. Dino barem nije glup.

– Bez turista, tako je. Neko mesto kao...

„Tamo gde jedeš ti i tvoji prijatelji", mislila je, ali nije to rekla. Osetila je kako muškarac spušta ruku na njen lakat, osmehujući se, i poziva je da uđe u gondolu. Ona se prepustila, skoro zaplašena, ali senka dosade je odjednom iščezla kao da ju je odneo Dinov pokret kada je zario veslo u dno zaliva i odgurnuo gondolu čistim pokretom u kojem jedva da se primećivao napor.

Nikako se nije mogla setiti puta. Prošli su ispod Mosta uzdisaja, ali je posle sve bilo zbrkano. Valentina je povremeno zatvarala oči i prepuštala se drugim neodređenim slikama koje su proticale naporedo sa onime što ona nije htela da vidi. Podnevno sunce podiglo je u kanalima neku smrdljivu paru, i sve se ponavljalo, udaljeni povici, ugovoreni znaci prilikom skretanja. Bilo je malo sveta na ulicama i mostovima u tom kraju, Venecija je već ručavala. Dino je veslao snažno i na kraju je uveo gondolu u jedan tesan, prav kanal, na čijem kraju se nazirala sivozelenkasta boja zaliva. Valentina reče u sebi da tamo mora da su *Fondamenta Nuove*, suprotna obala, ono nezanimljivo mesto. Htela je da se okrene i da ga upita, kada je osetila kako se barka zaustavlja kraj nekih plesnjivih stepenica. Dino je dugo zviždao, sve dok se jedan prozor na drugom spratu nije bešumno otvorio.

– To je moja sestra – reče. – Ovde živimo. Hoćete da ručate sa nama, *signorina*?

Valentinin pristanak bio je brži od njenog iznenađenja, skoro ljutnje. Muškarčeva drskost bila je takva da nije bilo mesta za neku sredinu; Valentina je mogla da odbije isto onako žustro kao što je upravo pristala. Dino joj pomože da se popne uz stepenice i ostavio je da čeka dok je on privezivao gondolu. Ona je čula kako neko pevuši na dijalektu, nekim malo prigušenim glasom. Osetila je da joj neko stoji iza leđa i okrenula se; neka žena neodređenih godina, loše obučena, u izbledelo ružičastom, provirila je na vrata. Dino joj reče nekoliko brzih i nerazumljivih rečenica.

– *Signorina* je jako ljubazna – dodade na toskanskom narečju. – Uvedi je, Roza.

I ući će, razume se. Sve će da uradi samo da bi i dalje bežala, da bi i dalje samu sebe lagala. Life, lie, nije li neki O'Nilov junak pokazao kako su život i laž razdvojeni tek jednim jedinim, bezazlenim slovom?

Ručali su u jednoj sobi sa niskom tavanicom, što je iznenadilo Valentinu koja se već bila navikla na italijanske velike prostore. Za crnim drvenim stolom bilo je mesta za šest osoba. Dino, koji je presvukao košulju ne izbrisavši time miris znoja, sedeo je naspram Valentine. Roza joj je bila s leve strane. S desne omiljena mačka, koja im je svojom dostojanstvenom lepotom pomogla da razbiju led u prvom trenutku. Tu je bila pastašuta, velika flaša vina, i riba. Valentina je za sve to našla da je izvrsno, i skoro da je bila zadovoljna onime što je njena prigušena moć razmišljanja i dalje smatrala ludošću.

– *Signorina* ima dobar apetit – reče Roza, koja skoro da nije otvarala usta. – Uzmite malo sira.

– Hoću, hvala.

Dino je jeo proždrljivo, više gledajući u tanjir nego u Valentinu, ali ona je imala utisak da je on na neki način promatra, ne postavljajući joj pitanja; nije čak pitao ni odakle je ona, obrnuto od skoro svih Italijana. Na duži rok, pomisli Valentina, ovako besmislena situacija mora da bukne. Šta li će reći kada pojedu poslednji zalogaj? To je onaj užasni trenutak za stolom posle ručka među ljudima koji se ne poznaju. Pomilovala je mačku, dala joj da proba mrvicu sira. Dino se sada smejao, njegova mačka jede samo ribu.

– Da li ste odavno gondolijer? – upita Valentina, tražeći nekakav izlaz.

– Pet godina, *signorina*.

– Sviđa vam se?

– *Non si sta male.*

– U svakom slučaju ne izgleda da je to naročito težak posao.

– Ne... to nije.

„Znači bavi se i drugim stvarima", pomisli ona. Roza joj je opet sipala vino, i mada nije htela više da pije, brat i sestra su navaljivali, osmehujući se, i napunili čaše. „Mačka ne pije", reče Dino gledajući je u oči po prvi put posle mnogo vremena. Sve troje se nasmejaše.
Roza je izašla i vratila se sa tanjirom jagoda. Posle je Dino uzeo ponuđeni kamel i rekao da je italijanski duvan loš. Pušio je zavaljen, sklopivši oči; znoj mu je tekao po nabreklom, pocrnelom vratu.
— Da li je moj hotel daleko odavde? — upita Valentina. — Neću više da vam smetam.
„U stvari bi trebalo da platim ovaj ručak", mislila je, mozgajući o tom problemu i ne znajući kako da ga reši. Kazala je kako joj se zove hotel, i Dino reče da će je odvesti. Već neko vreme Roza nije bila u trpezariji. Mačka, opružena u jednom uglu, dremala je na popodnevnoj vrućini. Osećalo se na kanal, na staru kuću.
— Pa, vi ste bili tako ljubazni... — reče Valentina, odmakavši prostu stolicu i ustavši. — Šteta što to ne umem da kažem na dobrom italijanskom... U svakom slučaju, razumete me.
— Pa naravno — reče Dino ne pomerivši se.
— Volela bih da se pozdravim sa vašom sestrom i...
— A, Roza. Verovatno je već otišla. Uvek izlazi u ovo vreme.
Valentina se seti kratkog nerazumljivog razgovora usred ručka. Bio je to jedini put da su progovorili na narečju, i Dino se izvinio. Ne znajući zašto pomislila je da Rozin odlazak ima veze sa tim razgovorom, i pomalo je osećala strah, ali i stid što se boji.
I Dino ustade. Tek tada je videla koliko je visok. Njegove sitne oči gledale su ka vratima, jedinim vratima. Vrata su vodila u spavaću sobu (brat i sestra su se izvinili kada su je tuda proveli idući u trpezariju). Valentina podiže svoj slamnati šešir i tašnu. „Ima lepu kosu", pomisli bez reči. Osećala je da je uznemirena, ali u isto vreme i sigurna, zaokupljena nečim. To je bilo bo-

lje nego ona gorka praznina tog jutra; sada je postojalo nešto, sa samopouzdanjem se suočavala sa nekim.

– Veoma mi je žao – reče – volela bih da sam se pozdravila sa vašom sestrom. Hvala vam na svemu.

Pružila je ruku, on ju je stegao ne pritiskajući, i odmah zatim je pustio. Valentina oseti kako se mutan nemir raspršio pred tim seljačkim gestom punim stidljivosti. Krenula je ka vratima, Dino je išao za njom. Ušla je u drugu sobu, jedva nazirući nameštaj u polumraku. Zar vrata koja vode u hodnik nisu s desne strane? Iza leđa je čula kako je Dino zatvorio vrata trpezarije. Sada je soba izgledala još mnogo mračnija. I nehotice se okrenula da sačeka da on prođe ispred nje. Zadah znoja obavio ju je trenutak pre nego što su je Dinove ruke grubo stegle. Zatvorila je oči, jedva se opirući. Da je mogla, ubila bi ga na licu mesta, udarajući ga sve dok mu ne smrska glavu, dok mu ne smoždi ta usta koja su je ljubila u grlo dok je jedna ruka klizila po njenom zgrčenom telu. Pokušala je da se oslobodi, i odjednom je pala na leđa, u senku jednog kreveta. Dino se spusti preko nje, stegavši joj noge, ljubeći je posred usta usnama vlažnim od vina. Valentina ponovo zatvori oči. „Da se barem okupao", pomislila je, prestajući da se opire. Potom, mrmljajući nešto i ljubeći je, podigao se nad njom i nespretnim prstima potražio dugmad na bluzi.

Savršeno, Valentina. Kao što nas uči anglosaksonska sagesse *koja je na taj način sprečila mnoge smrti davljenjem, jedino što se može u takvim prilikama jeste jedno pametno* relax and enjoy it.

U četiri, dok je sunce još bilo visoko, gondola je pristala naspram Svetog Marka. Kao i prvi put, Dino je ponudio Valentini svoju ruku da se na nju osloni, zastao kao da nešto čeka, gledajući je u oči.

– *Arrivederci* – reče Valentina, i pođe.

– Večeras ću biti ovde – reče Dino pokazujući pristanište. – U deset.

Valentina je otišla pravo u hotel i potražila toplu kupku. Ništa nije moglo biti važnije od toga, skinuti sa sebe Dinov miris, zarazu tog znoja i te pljuvačke koji su je prljali. Sa uzdahom zadovoljstva spustila se u kadu koja se pušila, i dugo vremena nije mogla ni da pruži ruku ka zelenom komadu sapuna. Potom je brižljivo, u ritmu svojih misli koje su se malo-pomalo vraćale, počela da se pere.

Uspomena nije bila mučna. Sve što je u tome bilo prljavo kao priprema naizgled je iščezavalo pred samom stvari. Prevarili su je, namamili u jednu glupavu zamku, ali ona je bila previše pametna a da ne bi shvatila kako je ona sama isplela mrežu. U tom zbrkanom klupku sećanja naročito joj se gadila Roza, neuhvatljiv lik saučesnice za koju je sada, u svetlu onoga što se dogodilo, bilo teško poverovati da je Dinova sestra. Pre će biti njegova robinja, njegova ljubavnica, uslužna iz nužde, da bi ga još malo sačuvala za sebe.

Proteglila se u kadi, sve ju je bolelo. Dino se poneo onako kakav je i bio, besno zahtevajući svoje zadovoljstvo i ne obazirući se ni na šta. Uzimao ju je kao životinja, iznova i iznova, tražeći od nje nespretnost koja ne bi bila nespretnost da je on bio iole pristojan. I Valentina nije žalila zbog toga, niti je žalila zbog mirisa na starež u krevetu u neredu, zbog Dinovog dahtanja kao u psa, neodređenog pokušaja da se potom pomiri (jer Dino je bio uplašen, već je odmeravao moguće posledice toga što je napao strankinju). U stvari nije žalila ni zbog čega osim zbog toga što ova pustolovina nije bila uljudnija. A možda nije žalila čak ni zbog toga, sirovost je tu bila kao beli luk u narodskim jelima, neophodan i ukusan začin.

Zabavljalo ju je, na pomalo histeričan način,

Ali ne, nije bilo nikakve histerije. Samo ja sam ovde mogla videti Valentinin izraz lica one noći kada sam joj ispričala priču o svojoj školskoj drugarici Nensi u Maroku, bila je to slična ali mnogo trapavija zgoda, gde se njen islamski silovatelj razočarao kada je shvatio da je Nensi usred menstruacije, pa ju je šamarima i udarcima biča primorao da ga pusti sa druge strane. (Nisam pronašla ono što sam tražila dok sam joj to pričala, ali videla sam da su joj oči kao u vučice, jedva trenutak pre nego što je odbila da o tome razgovara i kao i uvek potražila izgovor u umoru i pospanosti.) Da je samo kojim slučajem Adrijano postupio kao Dino, bez belog luka i znoja, vešt i lep. Da sam samo kojim slučajem ja, umesto da je pustim da utone u san...

da razmišlja kako je Dino, dok je svojim besmisleno neveštim rukama pokušavao da joj pomogne da se obuče, hteo da bude kao nežan ljubavnik, što je bilo previše grotesko a da bi i on sam u to poverovao. Zakazivanje sastanka, na primer, kada se pozdravljao sa njom kod Svetog Marka, bilo je smešno. Kako je mogao pomisliti da bi ona mogla ponovo doći u njegovu kuću, hladnokrvno mu se predati... Nije je nimalo brinulo, bila je ubeđena da je Dino izvanredna osoba na svoj način, da silovanju nije pridružio i lopovluk, što bi bilo vrlo lako, pa je čak priznavala da je u tome što se dogodilo bilo više normalnosti, više logičnosti negoli u njenom susretu sa Adrijanom.

Vidiš, Dora, vidiš, glupačo?

Bilo je užasno shvatiti koliko je Dino daleko od nje, kako nema ni najmanje mogućnosti za komunikaciju. Iza poslednjeg pokreta uživanja počinjala je tišina, zbunjenost, smešna komedija. Bila je to prednost, na kraju krajeva, od Dina nije trebalo da beži kao od Adrijana. Nije bilo nikakve opasnosti da se zaljubi; ni on se neće zaljubiti, razume se. Kakva sloboda! Uz svu onu prljavštinu, pustolovina joj nije bila neprijatna, naročito otkako se istrljala sapunom.

U vreme večere Dora je stigla iz Padove, puna priče o Đotu i Altikijeru. Zaključila je da je Valentina veoma dobro, i rekla kako je Adrijano nešto neodređeno pričao o tome da će odustati od svog putovanja u Luku, ali da ga potom nije videla. „Rekla bih da se zaljubio u tebe", nabacila je usput, uz onaj svoj prikriveni osmeh. Bila je očarana Venecijom, koju još uopšte nije videla, i hvalila se kako je zaključila koliko je taj grad čudesan naprosto iz toga kako se ponašaju kelneri i *fachini*. „Sve je tako fino, tako fino", ponavljala je naslađujući se svojim škampima.

Da izvinite na izrazu, nikada u svom jebenom životu nisam izgovorila takvu rečenicu. Kakva li to neznana osveta leži u ovome? Ili se pak (da, počinjem to da slutim, da verujem) sve ovo rodilo iz podsvesti iz koje se rodila i Valentina, i da ta podsvest, ne poznajući je na površini i stalno grešeći povodom njenog ponašanja i njenih razloga, i nehotice pogađa u dubokim vodama, tamo gde Valentina nije zaboravila Rim, šalter u putničkoj agenciji, pristanak da deli sobu i putovanje. U tim munjama koje se kao ribe rađaju iz ponora da samo na trenutak provire iznad vode, mene su namerno izobličili i uvredili, postajem ono što me teraju da govorim.

Pominjala se *Venice by night*, ali Dora je bila mrtva umorna od lepih umetnosti, te je otišla u hotel posle dva kruga po trgu. Valentina je obavila ritual ispijanja porta kod Florijana, i sačekala da bude deset sati. Pomešana sa svetom koji je jeo sladoled i slikao se uz blic, ugledala je pristanište. Tamo su sa ove strane bile samo dve gondole, sa upaljenim fenjerima. Dino je stajao na keju, pored stuba. Čekao je.

„On stvarno misli da ću doći", pomislila je skoro sa iznenađenjem. Jedan bračni par engleskog izgleda priđe gondolijeru. Valentina je videla kako ovaj skida šešir i nudi gondolu. Ono dvoje skoro odmah uđoše; fenjerčić je podrhtavao u noći lagune.

Blago uznemirena, Valentina se vratila u hotel.
Jutarnje svetlo opralo ju je od ružnih snova ali joj nije potrlo osećaj nalik mučnini, pritisku u želucu. Dora ju je čekala u salonu za doručak, i Valentina je sipala čaj kada je jedan kelner prišao stolu.
– Napolju je gondolijer za *signorinu*.
– Gondolijer? Nisam naručila gondolu.
– Čovek je dao vaše ime.
Dora ju je radoznalo gledala, i Valentina se odjednom osetila kao da je gola. Naterala se da popije gutljaj čaja, ustala posle trenutka oklevanja. Zabavljajući se, Dora je mislila kako bi bilo veselo videti taj prizor sa prozora. Videla je gondolijera, videla je kako mu Valentina ide u susret, i muškarčev slab ali odlučan pozdrav. Valentina mu se obraćala skoro ne praveći nikakve pokrete, ali videla ju je kako podiže ruku skoro kao da ga moli – razume se da to nije bilo moguće – za nešto što onaj drugi nije hteo da joj pruži. Zatim je on govorio mašući rukama onako italijanski. Valentina kao da je čekala da on ode, ali onaj drugi je bio uporan, i Dora je ostala dovoljno dugo da bi videla kako Valentina konačno pogleda na svoj ručni sat i klimnu glavom.
– Potpuno sam zaboravila – objasnila je kada se vratila – ali gondolijer ne zaboravlja na svoje mušterije. Zar ti nećeš izlaziti?
– Naravno da hoću – reče Dora. – Jesu li svi onako zgodni kakvi su na filmu?
– Svi, naravno – reče Valentina ne osmehnuvši se. Dinova drskost toliko ju je zaprepastila da joj je bilo teško da se pribere. Na trenutak ju je uznemirila pomisao da će joj Dora predložiti da joj se pridruži u šetnji; to bi bilo toliko logično i toliko bi ličilo na Doru. „Ali baš bi to bilo rešenje", reče ona u sebi. „Ma koliko sirov bio, ne bi se usudio da napravi skandal. Histeričan je, vidi se, ali nije glup."
Dora ne reče ništa, mada joj se osmehivala toliko ljubazno da se to Valentini učinilo nekako odvratno. Ne znajući sasvim zašto, nije joj predložila da zajedno iz-

najme gondolu. Neverovatno je kako je tih nedelja sve važne stvari radila ne znajući zašto.

Tu parles, ma fille. Ono što je izgledalo neverovatno zgusnulo se u puku činjenicu čim su me izostavili iz svoje šetnjice. Razume se da to nije moglo biti važno, bila je to tek jeftina i oštra uteha umetnuta između zagrada bez ikakve opasnosti za ubuduće. No bilo je to u manjoj meri i vraćanje jedne te iste potvrde: Adrijano ili gondolijer, a ja još jednom outsider. *Sve je to vredelo još jedne šolje čaja i pitanja, ne ostaje li još uvek nešto da se učini kako bi se usavršila ona mala mašinerija koja je već pokrenuta – oh, sasvim nevino – pre nego što sam otišla u Firencu.*

Dino ju je odvezao kroz Kanal Grande sve do iza Rijalta, ljubazno izabravši najduži put. Kod palate Valmarana ušli su u *rio dei Santi Apostoli*, i Valentina je, uporno gledajući napred, videla kako se ponovo primiču, jedan za drugim, crni mostići na kojima je vrvelo kao u mravinjaku. Bilo joj je teško da poveruje kako je ponovo u toj gondoli, naslanjajući leđa na stari crveni jastuk. Tanak mlaz vode tekao je po dnu; voda iz kanala, voda Venecije. Čuveni karnevali. Dužd se venčava sa morem. Čuvene venecijanske palate i karnevali. *Došao sam po vas zato što vi sinoć niste došli po mene. Želim da vas provozam u gondoli.* Dužd se venčava sa morem. Savršeno hladnokrvno. Hladnokrvno. I sada je voza u gondoli, dovikujući s vremena na vreme nešto napola setno, a napola plaho pre nego što će skrenuti u neki kanal sa unutrašnje strane. U daljini, još uvek veoma daleko, Valentina nazre jednu otvorenu, zelenu prugu. Ponovo *Fondamenta Nuove*. To se moglo i predvideti, četiri plesnjiva stepenika, prepoznala je to mesto. Sada će on zazviždati, i Roza će se pojaviti na prozoru.

Lirski i očigledno. Još nedostaju Aspernovi rukopisi, baron Korvo i Tađo, lepi Tađo i pošast. Nedostaje i izvestan telefonski poziv u hotel kraj pozorišta La Feniče, mada niko nije kriv (mislim, za odsustvo detalja, a ne za telefonski poziv).

Ali Dino je u tišini pristao s gondolom i čekao. Valentina se okrenula po prvi put otkako se ukrcala i pogledala ga. Dino se lepo osmehivao. Imao je sjajne zube, koji bi uz malo paste za zube bili savršeni.

„Izgubljena sam", pomisli Valentina i skoči na prvi stepenik ne oslonivši se na ruku koju joj je on pružio.

Zaista je to pomislila? Trebalo bi pripaziti na metafore, figure govora, ili kako se već zovu. I to dolazi odozdo; da sam to znala u onom trenutku, možda ne bih... Ali ni meni nije bilo dato da prodrem s one strane vremena.

Kada je sišla na večeru, Dora ju je sačekala sa vešću (mada nije bila sasvim sigurna) da je videla Adrijana među turistima na *Piazzi*.

– Sasvim iz daleka, pod jednim od svodova, znaš. Mislim da je to bio on po onom svetlom, malo tesnom odelu. Možda je stigao tokom popodneva... Jureći za tobom, pretpostavljam.

– Ma, hajde.

– Zašto da ne? Ovo nije bila njegova ruta.

– A nisi ni sigurna da je to on – reče neprijateljski Valentina. Vest je nije previše uzbudila, ali je stavljala u pokret žalosnu mašineriju misli. „Opet to", pomisli. „Opet." Srešće ga, sigurno, u Veneciji se živi kao u nekoj boci, svi se na kraju sretnu na *piazzi* ili Rijaltu. Da ponovo beži, ali zašto. Bila je sita toga što beži ni od čega, toga što ne zna od čega beži i da li zaista beži ili radi isto što i golubice tu njoj pred očima, golubice koje su se pretvarale da uzmiču pred taštim nasrtajima mužjaka a na kraju mlako popuštale, u olovnosivom vrenju perja.

– Da popijemo kafu kod Florijana – predloži Dora.

– Možda ćemo ga sresti, tako je zgodan momak.

Videle su ga skoro istog trenutka, bio je okrenut leđima prema trgu, pod svodom, zanet u posmatranje nekog groznog muranskog stakla. Kada ga je Dorin pozdrav naterao da se okrene, toliko se malo, toliko iz pristojnosti iznenadio, da je Valentina osetila olakšanje. Barem nema pozorišta. Adrijano se pozdravi sa Dorom ljubazno ali sa distancom, i steže ruku Valentini.

– Pazi, pazi, znači tačno je da je svet mali. Niko ne može pobeći od Plavog Vodiča, ako ne danas, a ono sutra.

– Nas dve barem, ne.

– Niti od venecijanskih sladoleda. Mogu li da vas počastim?

Skoro odmah je Dora povela glavnu reč. Ona je imala za sobom dva-tri grada više od njih, i naravno, pokušavala je da ih zainteresuje nabrajajući šta su sve propustili. Valentini bi bilo drago kada se njene teme nikada ne bi iscrple ili kada bi se Adrijano konačno rešio da je otvoreno pogleda, da joj prebaci najgore stvari, onim pogledom koji se upire u lice uz nešto što je uvek više nego optužba ili prekor. Ali on je marljivo jeo svoj sladoled ili pušio malo pognute glave – njegove lepe južnoameričke glave – slušajući pažljivo svaku Dorinu reč. Samo je Valentina mogla opaziti lak drhtaj prstiju koji su stezali cigaretu.

I ja, draga moja, i ja. A to mi se uopšte nije dopalo, jer je taj mir skrivao nešto što mi do sada nije izgledalo tako silovito, napetu oprugu koja iščekuje da je obarač oslobodi. Toliko različito od njegovog skoro ledenog tona i matter of fact *preko telefona. Za sada sam ostala izvan igre, nisam mogla učiniti ništa da bi se stvari dogodile onako kako sam ja očekivala. Upozoriti Valentinu... Ali to bi značilo razotkriti joj sve, vratiti se u Rim iz onih noći kada je ona klizila, udaljavajući se, prepuštajući mi tuš i sapun, ležući okrenuta leđima, mrmljajući koliko joj se spava, kako je već napola zaspala.*

Ćaskanje je počelo da se vrti u krug, došlo je do upoređivanja muzeja i sitnih turističkih nezgoda, još sladoleda i duvana. Pominjao se zajednički obilazak grada sledećeg jutra.
– Možda ćemo – reče Adrijano – smetati Valentini, ona više voli da ide sama.
– Zašto mene uključujete? – nasmeja se Dora. – Valentina i ja se razumemo baš zato što se ne razumemo. Ona svoju gondolu ne deli ni sa kim, a ja imam neke kanalčiće koji su samo moji. Probajte tako da se razumete sa njom.
– Uvek se može probati – reče Adrijano. – Konačno, u svakom ću slučaju svratiti do hotela u pola jedanaest, a vas dve ćete već dotle, ili tada, odlučiti.
Dok su se penjale (sobe su im bile na istom spratu), Valentina je spustila ruku na Dorinu mišicu.

Bio je to poslednji put da si me dodirnula. Kao i uvek, jedva.

– Želim da te zamolim nešto.
– Razume se.
– Pusti me da sama izađem sa Adrijanom sutra ujutro. Samo taj jedan put.
Dora je tražila ključ koji je spustila na dno tašne. Trebalo joj je vremena dok ga je pronašla.
– Bilo bi dugačko da sada objašnjavam – dodade Valentina – ali učinićeš mi uslugu.
– Hoću, naravno – reče Dora otvarajući svoja vrata.
– Ni njega nećeš da deliš.
– Ni njega? Ako misliš...
– Oh, pa to je samo šala. Lepo spavaj.

Sada više nije važno, ali kada sam zatvorila vrata imala sam želju da zarijem nokte posred lica. Ne, sada nije važno; ali da je Valentina povezala stvari... Ono „ni njega" bio je kraj niti koja je virila iz klupka; ona to nije sasvim shvatila, pustila je da joj izmakne u zbrci u ko-

joj je živela. Bolje za mene, naravno, ali možda... Konačno, sada stvarno više nije važno; ponekad je dovoljan i valijum.

Valentina ga je sačekala u lobiju a Adrijanu čak nije ni palo na pamet da upita zašto nema Dore; kao i u Firenci ili Rimu, nije izgledao preterano osetljiv na njeno prisustvo. Pošli su ulicom Orsolo, jedva i pogledavši malu lagunu sa unutrašnje strane, gde su gondole noću spavale, i krenuše put Rijalta. Valentina je išla malo napred, obučena u svetlu odeću. Razmenili su svega dve-tri ritualne rečenice, ali kada su zašli u jednu uličicu (već su se bili izgubili, nijedno od njih dvoje nije gledalo u plan) Adrijano ubrza korak i uhvati je za ruku.

– Suviše je surovo, znaš. Ima nešto nisko u tome što si učinila.
– Da, znam. Ja koristim i gore reči.
– Da odeš tako, na pokvaren način. Samo zato što neka lasta umre na balkonu. Histerično.
– Priznaj – reče Valentina – razlog je, ako je to razlog, bio poetičan.
– Valentina...
– E, dosta – reče ona. – Hajdemo na neko mirno mesto da već jednom razgovaramo.
– Hajdemo u moj hotel.
– Ne, ne u tvoj hotel.
– U neki kafe, onda.
– Puni su turista, znaš i sam. Na neko mirno mesto, koje nije zanimljivo... – zastala je jer joj je ta rečenica donela jedno ime. – Hajdemo do Fondamenta Nuove.
– Šta je to?
– Druga obala, na severu. Imaš li plan? Ovuda, tako je. Hajdemo.

Iza pozorišta Malibran, uličicama bez radnji sa nizovima uvek zatvorenih vrata, uz poneko loše odeveno dete koje se igra na pragu, stigoše do ulice Fumo i videše već veoma blizu odsjaj lagune. Tamo bi čovek stigao iznenada, izašavši iz sive polusenke na obalu zaslepljujuću od sunca, punu radnika i uličnih prodavaca. Neke neugledne kafane prilepile su se kao pijavice za kućice na vodi iz kojih su *vaporetti* kretali za Burano i za groblje. Valentina je odmah ugledala groblje, sećala se Dinovog objašnjenja. Ostrvce čiji je paralelogram okružen crvenkastim zidom dokle god dopire pogled. Krošnje nadgrobnih drveta izdizale su se kao neki tamni venac. Potpuno jasno se videlo pristanište, ali u tom trenutku na ostrvu kao da nije bilo ničega osim mrtvih; nijedne barke, nikoga na mramornom stepeništu na keju. I sve je suvo gorelo na suncu u jedanaest pre podne.

Neodlučna, Valentina krenu levo. Adrijano je mrzovoljno išao za njom, skoro ne obazirući se oko sebe. Prešli su preko mosta ispod kojeg je jedan od malih kanala vodio ka laguni. Osećala se vrućina, njene nevidljive muve lepile su im se po licu. Nailazio je drugi most od belog kamena i Valentina zastade na vrhu luka, naslanjajući se na kamenu ogradu, gledajući ka unutrašnjosti grada. Ako je na nekom mestu trebalo da razgovaraju, neka to bude na ovom koje je tako neutralno, tako nezanimljivo, sa grobljem za leđima i kanalom koji je prodirao duboko u Veneciju, razdvajajući nimalo ljupke, skoro puste obale.

– Otišla sam – reče Valentina – zato što to nije imalo smisla. Pusti me da govorim. Otišla sam zato što je u svakom slučaju jedno od nas dvoje moralo otići, ti otežavaš stvari a više nego dobro znaš da je jedno od nas dvoje moralo otići. Kakve razlike ima, osim u vremenu? Nedelju dana ranije ili kasnije...

– Za tebe nema razlike – reče Adrijano. – Za tebe je to potpuno isto.

– Kada bih mogla da ti objasnim... Ali ostaćemo na rečima. Zašto si došao za mnom? Kakvog to smisla ima?

Ako je postavila ta pitanja, ostaje mi barem saznanje da nije ni pomislila da sam ja umešana u Adrijanovo prisustvo u Veneciji. Iza toga, naravno, večita gorčina: ta nje-

na težnja da me previđa, da čak i ne nasluti da postoji neka treća ruka koja meša karte.

– Znam već da nema nikakvog smisla – reče Adrijano. – Tako je kako jeste, i ništa više.
– Nisi smeo da dođeš.
– A ti nisi smela tako da odeš, napustila si me kao...
– Ne upotrebljavaj velike reči, molim te. Kako možeš da nazoveš napuštanjem nešto što je, na kraju krajeva, samo normalno? Povratak u normalu, ako ti je tako draže.
– Za tebe je sve tako normalno – reče on besno. Usne su mu drhtale, a rukama je stezao kamenu ogradu kao da želi da ga beo i ravnodušan dodir kamena smiri.

Valentina je gledala u dubinu kanala, posmatrajući kako se približava jedna gondola, veća od običnih, još uvek neodređena tamo u daljini. Bojala se susreta sa Adrijanovim pogledom i njena jedina želja bila je da on ode, da je zaspe pogrdama ako je to neophodno i da potom ode. No Adrijano je i dalje bio tu, savršeno se naslađujući svojom patnjom, produžavajući ono za šta su mislili da je razjašnjavanje, a što nije bilo ništa više od monologa.

– Besmisleno je – promrmlja konačno Valentina, ne skidajući pogled sa gondole koja se malo-pomalo približavala. – Zašto bih ja morala da budem kao ti? Zar nije bilo sasvim jasno da više ne želim da te vidim?
– U dubini duše me voliš – reče Adrijano groteskno.
– Nemoguće je da me ne voliš.
– Zašto je nemoguće?
– Zato što si drugačija od tolikih drugih. Nisi se predala kao tamo neka, kao histerična žena koja ne zna šta će sa sobom na putovanju.
– Ti pretpostavljaš da sam se ja predala, ali ja bih mogla reći da si ti bio taj koji se predao. Stare predstave o ženama, kada...

I tako dalje.

— Ali time ne postižemo ništa, Adrijano, sve je tako uzaludno. Ili ćeš me ostaviti samu još danas, smesta, ili ja odlazim iz Venecije.
— Poći ću za tobom — reče on, skoro obesno.
— Oboje ćemo ispasti smešni. Zar ne bi bilo bolje da...?
Svaka reč tog besmislenog razgovora postajala joj je teška do mučnine. Bila je to samo fasada razgovora, jedan sloj boje ispod kojeg se ustajalo nešto uzaludno i trulo kao voda u kanalu. Usred pitanja Valentina je počela da shvata da je ova gondola drugačija od ostalih. Šira, kao neki teretni brodić, sa četiri veslača koji su stajali na prečkama sa kojih kao da se uzdizalo nešto nalik zlatno-crnom mrtvačkom kovčegu. Ali to i *jeste* bio mrtvački kovčeg, i veslači su bili u crnini, bez veselih slamnatih šešira. Čamac je stigao do keja pored kojeg se protezala jedna teška i oronula zgrada. Jedan mol se nalazio naspram nečega što je ličilo na kapelu. „Bolnica", pomislila je. „Bolnička kapela." Izlazio je neki svet, jedan čovek donese vence od cveća koje rasejano baci u čamac smrti. Drugi se već pojaviše sa kovčegom, i poče manevrisanje oko ukrcavanja. I sam Adrijano kao da se udubio u razgovetni užas toga što se dešavalo na jutarnjem suncu, u onoj nezanimljivoj Veneciji, tamo gde turisti ne treba da zalaze. Valentina ču kako on nešto mrmlja, ili je to možda bio prigušen jecaj. Ali nije mogla da odvoji oči od čamca, od četiri veslača koji su čekali sa zabodenim veslima kako bi ostali mogli da ubace kovčeg u nišu sa crnim zavesama. Na pramcu se umesto poznatog zupčastog ukrasa na gondolama video neki blistavi obris. Ličio je na ogromnu srebrnu sovu, bila je to maska u kojoj je bilo nečega živog, ali kada je gondola krenula niz kanal (porodica umrlog bila je na molu, dva mladića pridržavala su jednu staricu) videlo se da je sova u stvari jedna posrebrena kugla sa krstom, jedina svetla i blistava stvar na čitavoj barci. Kretala se ka njima, trebalo je da prođe ispod mosta, tik ispod njihovih nogu. Bio bi dovoljan jedan

skok da padne na taj pramac, na taj kovčeg. Most kao da se blago pomerio ka barci („Znači nećeš sa mnom?"), toliko je Valentina nepomično zurila u gondolu koju su veslači lagano pomerali.

– Ne, neću. Ostavi me samu, ostavi me na miru.

Nije mogla da kaže ništa drugo od toliko stvari koje je mogla kazati ili prećutati, sada kada je osećala drhtanje Adrijanove ruke na svojoj, kada ga je slušala kako ponavlja to pitanje i s naporom diše, kao da dahće. Ali nije mogla da gleda ništa drugo osim čamca koji se sve više približavao mostu. Samo što nije prošao ispod mosta, skoro naspram njih, pa će izaći sa druge strane u otvorenu lagunu i kao neka spora crna riba otploviti do ostrva mrtvih, noseći drugi kovčeg, stavljajući na gomilu još jednog mrtvaca u nemom selu iza crvenih zidina.

Skoro da je nije iznenadilo to što je jedan od veslača bio Dino,

Da li je to tačno, ne zloupotrebljava li se ovde jedna suviše proizvoljna slučajnost? Sada se to više ne može znati, kao što se ne može znati ni zašto joj Adrijano nije zamerio na njenoj jeftinoj pustolovini. Mislim da je to ipak učinio, da ovaj razgovor ni o čemu na kojem počiva scena nije bio onaj stvarni, onaj koji je nastao iz drugih događaja i koji je vodio nečemu što bi bez njega izgledalo nezamislivo jer je ekstreman, jer je užasan. Ko će ga znati, možda je on prećutao ono što je znao da me ne bi izdao; da, ali kakvu bi važnost mogla imati njegova izdaja ako je skoro odmah...? Valentina, Valentina, Valentina, kako bi slatko bilo da mi to prebaciš, da me izgrdiš, da budeš ovde i da me psuješ, da vičeš na mene, kakva bi uteha bila ponovo te videti, Valentina, osetiti tvoj šamar, tvoju pljuvačku na mom licu... (Celu tabletu ovoga puta. Smesta, mala moja.)

najviši tamo na krmi, i to što ju je Dino video, i što je video Adrijana pored nje, i što je prestao da vesla kako bi je pogledao, podigavši ka njoj svoje lukave okice pune pitanja i verovatno („Nemoj navaljivati, molim te") ljubomornog besa. Gondola je bila na svega nekoliko metara, video se svaki klin sa srebrnastom glavom, svaki cvet, i skromni okovi na kovčegu („To me boli, pusti me"). Na laktu je osetila nepodnošljiv pritisak Adrijanovih prstiju, i trepnula je misleći da će je on udariti. Čamac kao da joj je bežao pod nogama, i Dinovo lice (iznad svega začuđeno, smešno je bilo pomisliti kako je i ova sirota budala takođe nešto umišljala) skliznu vrtoglavo, izgubi se ispod mosta. „Evo me", uspela je u sebi da kaže Valentina, eto i nje u tom kovčegu, daleko od Dina, daleko od one ruke koja joj je divljački stezala mišicu. Osetila je kako je Adrijano napravio nekakav pokret kao da hoće nešto da izvuče, možda cigarete, pokret nekoga ko hoće da dobije na vremenu, da ga po svaku cenu produži. Cigarete ili šta god bilo, šta je to sada važno ako se ona već ukrcala na crnu gondolu, na putu bez straha ka svom ostrvu, prihvativši konačno onu lastavicu.

KUDA GLEDAJU MAČKE

Huanu Sorijanu

Kada me gledaju Alana i Oziris, nikako ne mogu da se požalim na licemerje, niti na bilo kakvu dvoličnost. Gledaju me pravo u oči, Alana, njena plava svetlost, Oziris, njegova zelena munja. I među sobom se tako gledaju, Alana miluje crna leđa Ozirisa koji diže njušku sa tacne mleka i zadovoljno mjauče, žena i mačor se upoznaju na ravnima koje meni izmiču, do kojih moja milovanja ne uspevaju da dopru. Davno sam već odustao od svake vlasti nad Ozirisom, dobri smo prijatelji sa nepremostivog odstojanja; no Alana je moja žena i distanca između nas je drugačija, nešto što ona kao da ne oseća, ali što se meša u moju sreću kada me Alana gleda, kada me gleda pravo u oči baš kao Oziris i smeška mi se ili razgovara sa mnom bez ikakvog ustezanja, podajući se svakim pokretom i svakom stvari kao što se podajemo u ljubavi, tamo gde je čitavo njeno telo kao njene oči, potpuno predavanje, neprestana uzajamnost.

Čudno je to; mada sam odustao od toga da potpuno uđem u Ozirisov svet, moja ljubav prema Alani ne prihvata tu jednostavnost svršenog čina, dvoje zauvek, život bez tajni. Iza tih plavih očiju ima još nešto, u dubini reči i jecaja i ćutanja diše neko drugo carstvo, diše druga Alana. Nikada joj to nisam rekao, suviše je volim da bih u paramparčad razbio tu površinu od sreće niz koju je skliznulo već toliko dana, toliko godina. Na svoj način tvrdoglavo nastojim da shvatim, da otkrijem; posmatram je ali je ne uhodim; pratim je ali ne iz nepoverenja; volim jednu veličanstvenu, osakaćenu statuu, jedan nezavršen tekst, komad neba upisan u prozor života.

Jedno vreme mi je muzika izgledala kao put koji će me uistinu dovesti do Alane; gledajući je, slušao sam naše ploče Bartoka, Djuka Elingtona, Gala Koste, neka spora prozračnost spuštala me je sve dublje u nju, muzika ju je svlačila na drugačiji način, sve više ju je činila Alanom jer Alana nije mogla biti samo ta žena koja me je uvek gledala pravo u oči ne skrivajući od mene ništa. Uprkos Alani, s onu stranu Alane, tražio sam je kako bih je bolje voleo; i ako mi je muzika u početku dala da nazrem druge Alane, došao je dan kada sam pred jednim Rembrantovim portretom video kako se još više promenila, kao da je neka igra oblaka na nebu iznenada promenila svetlosti i senke jednog pejzaža. Osetio sam kako je slika nosi dalje od nje same za onog jedinog gledaoca koji je mogao sameriti trenutni preobražaj koji se nikada više nije ponovio, naziranje Alane u Alani. Nehotični posrednici, Kit Džeret, Betoven i Anibal Troilo pomogli su mi da priđem bliže, ali pred nekom slikom ili grafikom Alana bi još više skidala sa sebe ono za šta je verovala da jeste, na trenutak bi ušla u neki imaginaran svet da bi, i ne znajući to, izašla iz sebe same, idući od slike do slike, komentarišući ih ili ćuteći, kao špil karata koji bi svako novo posmatranje promešalo za onoga ko je tiho i pažljivo, malo zaostajući ili vodeći je za ruku, gledao kako se smenjuju dame i asovi, pikovi i trefovi, Alana.

Šta se moglo raditi sa Ozirisom? Davati mu mleko, ostavljati ga u njegovom zadovoljnom crnom klupku koje prede; ali Alanu sam mogao dovoditi u ovu galeriju slika kao što sam to učinio juče, još jednom prisustvovati onom pozorištu ogledala i mračnih komora, napetih slika na platnu naspram one druge slike u veselim farmericama i crvenoj bluzi koja je, pošto bi ugasila cigaretu na ulasku, išla od slike do slike, zastajući tačno na odstojanju koje je zahtevao njen pogled, okrećući se s vremena na vreme ka meni da bi nešto rekla ili uporedila. Nikada ne bi mogla otkriti da ja nisam tu zbog slika i da, malo pozadi ili sa strane, moj način posmatranja nije imao nikakve veze sa njenim. Nikada neće shvatiti da ju je njen spor i zamišljen hod od slike do slike menjao toliko da bi me primorao da zatvorim oči i savladam se da je ne stegnem u naručje i ponesem sa sobom u bunilo, u ludo jurcanje sredinom ulice. Opuštena, laka u svom prirodnom uživanju i otkrivanju, njena zastajkivanja i zadržavanja upisivala su se u vreme različito od mog, ne znajući za žeđ moga grčevitog iščekivanja.

Do tada je sve bilo samo neodređena najava, Alana u muzici, Alana pred Rembrantom. Ali sada je moja nada počela da se ostvaruje na skoro nepodnošljiv način, čim smo stigli Alana se bacila na slike sa groznom bezazlenošću jednog kameleona, prelazeći iz jednog stanja u drugo i ne znajući da neki šćućureni posmatrač u njenom držanju, u načinu na koji nakrivi glavu, na koji pokrene ruku ili usne, vreba onu unutrašnju skalu boja koja bi je prožimala dok je ne bi pokazala kao nekoga drugog, tamo gde je ta druga uvek bila Alana koja se pribrajala Alani, karte koje su se gomilale dok ne bi sastavile ceo špil. Pored nje, idući polako duž zidova galerije, gledao sam je kako se daje svakoj slici, moje oči umnožavale su jedan blještavi trougao koji se pružao od nje do slike i od slike do mene da bi se vratio do nje i uhvatio promenu, drugačiji oreol koji bi je na trenutak okružio da bi potom ustupio mesto nekoj novoj auri, nekom tonalitetu koji ju je izlagao onoj istinskoj, onoj poslednjoj nagoti. Nemoguće je predvideti dokle će se ponavljati ta osmoza, još koliko novih Alana dok konačno ne stignem do sinteze iz koje ćemo oboje izaći zasićeni, ona i ne znajući to, zapalivši novu cigaretu pre nego što me zamoli da je odvedem na piće, a ja znajući da je moja duga potraga prispela u luku i da će moja ljubav od sada obuhvatati ono vidljivo i ono nevidljivo, da će prihvatati Alanin čist pogled bez neizvesnosti zatvorenih vrata i zabranjenih prolaza.

Gledao sam je, pred usamljenim čamcem i crnim stenama u prvom planu, kako nepomično stoji, dugo; neprimetno talasasto kretanje ruku kao da ju je povelo da zapliva kroz vazduh, da potraži otvoreno more, neki prazan prostor na vidiku. Više me nije moglo začuditi to što ju je ova druga slika, gde je jedna gvozdena ograda sa oštrim šiljcima sprečavala pristup okolnom drveću, naterala da uzmakne kao da traži tačku odakle će gledati; odjednom odbojnost, odbacivanje jedne neprihvatljive granice. Ptice, morska čudovišta, prozori koji gledaju na tišinu ili puštaju unutra simulakrum smrti, svaka nova slika zbrisala bi Alanu oduzevši joj njenu prethodnu boju, otrgnuvši od nje modulacije slobode, leta, velikih prostranstava, potvrdivši njeno nepristajanje na noć i ništavilo, njenu čežnju za suncem, njen skoro užasni nagon ptice feniksa. Zaostao sam, svestan da neću moći da podnesem njen pogled, njeno upitno iznenađenje kada na mome licu bude videla prosvetlenje i potvrdu, jer i to sam bio ja, to je bio moj plan Alana, moj život Alana, to je ono što sam želeo a što je sputavala sadašnjost u gradu i večiti oprez, ovo sada, konačno Alana, konačno Alana i ja od ovog časa, od ovog trena. Voleo bih da je držim u naručju nagu, da je volim tako da sve postane jasno, da među nama sve bude zauvek rečeno, i da se iz te naše beskrajne noći ljubavi, nas koji smo ih već toliko spoznali, rodi prva zora života.

Stigli smo do kraja izložbe; pošao sam ka izlazu još uvek skrivajući lice, čekajući da me vetar i ulična svetla vrate u ono što je Alana znala o meni. Videh kako zastaje pred jednom slikom koju su drugi posetioci zaklonili od mene, kako dugo nepomično stoji i gleda sliku sa prozorom i mačkom. Poslednji preobražaj učinio je od nje sporu statuu, jasno odvojenu od ostalih, odvojenu od mene, dok sam joj neodlučno prilazio tražeći njen pogled izgubljen na platnu. Videh da je mačka istovetna Ozirisu i da u daljini posmatra nešto što nam zid na kojem je bio prozor nije dozvoljavao da vidimo. Nepomična u toj zagledanosti, činila se manje nepomična nego Alanina nepomičnost. Na neki način sam osetio da se trougao raspao; kada se Alana okrenula ka meni trougla više nije bilo, ona je otišla u sliku ali nije se iz nje vratila, ostala je sa one strane gde je mačka, zagledana negde još dalje od prozora, tamo gde niko nije mogao videti ono što su njih dvoje videli, ono što su samo Alana i Oziris videli kad god bi me pogledali u oči.

KRAJ ETAPE

Šeridanu Le Faniju, zbog nekih kuća.
Antoniju Tauleu, zbog nekih stolova.

Možda se tu zaustavila zato što je sunce već bilo visoko, a mehaničko zadovoljstvo u vožnji auta iz prvih jutarnjih časova ustuknulo pred iscrpljenošću i glađu. Za Dijanu je ta varoš beznačajnog imena predstavljala samo još jedan maleni znak na karti dotične pokrajine, daleko od grada u kome će te noći spavati, a trg, krošnjama platana zaštićen od vreline puta, izgledao je kao zagrada u koju je ušla sa uzdahom olakšanja, prikočivši pored kafane sa stolovima razbacanim ispod drveća.

Kelner joj je doneo liker od anisa s ledom i upitao je hoće li kasnije ručati, nema potrebe da žuri pošto služe do dva. Dijana reče da će se prošetati kroz varoš pa se vratiti. „Nema mnogo šta da se vidi", obavesti je kelner. Poželela je da mu odgovori kako ni ona ne gori od želje da razgleda, ali umesto toga zatraži crne masline i skoro naiskap popi anis koji je svetlucao u visokoj čaši. Na koži je osećala svežinu senke, neki meštani igrali su karte, dva deteta s psom, neka starica prodavala je novine, sve kao izvan vremena, sve se razvlači u izmaglici leta. Kao izvan vremena, mislila je posmatrajući ruku jednoga od igrača koji je dugo držao kartu u vazduhu pre nego što ju je pobedonosno spustio na sto. Ona, međutim, više nije imala volje da to čini, da produžava bilo šta lepo, da oseća kako zbilja živi u onom prijatnom odugovlačenju koje je nekada u njoj izazivalo osećaj da vreme treperi. „Čudno je to kako život može postati puko pristajanje", pomisli gledajući psa koji je dahtao na zemlji, „čak i pristajanje na to da ni na šta ne pristajem, da odlazim gotovo pre nego što stignem, da ubijam sve što nije kadro da ubije mene." Cigareta joj je visila među usnama, znala je da će ih na kraju oprljiti, pa će morati da strgne opušak i da ga ugasi kao što je to učinila sa svim onim godinama u kojima je izgubljen i poslednji razlog da sadašnjost ispuni još nečim osim cigareta, pristojne sume na čekovnoj knjižici i iznajmljenog automobila. „Izgubljen", ponovi, „*Perdido*, tako lepa tema Djuka Elingtona, a uopšte ne mogu da je se setim, dva puta izgubljen, devojko, u četrdesetoj je to samo način da se plače u jednoj reči."

Iznenadan osećaj sopstvene gluposti nagnao je da odmah plati i prošeta po varoši, da pođe u susret stvarima koje neće doći same, kad ona to poželi i zamisli. Videti stvari kao da zapravo one gledaju tebe, tamo nekakva starinarnica, nezanimljiva, ovde starinska fasada muzeja lepih umetnosti. Oglašavali su nekakvu izložbu, nije imala pojma ko je slikar teško izgovorljivog imena. Dijana ipak kupi ulaznicu i stupi u prvu salu skromne kuće oronulih prostorija koje su gradski oci preuredili uz dosta muke. Dadoše joj nekakav prospekt sa nejasnim podacima o jednoj krajnje lokalnoj umetničkoj karijeri, sa odlomcima iz kritika, uobičajenim hvalospevima; ona ga ostavi na jednoj polici i pogleda slike, u prvi mah pomisli da su to fotografije pa je začudi njihova veličina, veoma je retko videti toliko uveličane fotose u koloru. Stvarno se zainteresovala tek kad je prepoznala materijal i manijačko savršenstvo detalja; iznenada se stvar preokrenula, ophrvao ju je utisak da gleda slike pravljene prema fotografijama, nešto što se kretalo tamo-amo između dve krajnosti, iako su sale bile dobro osvetljene i dalje je trajala njena neodlučnost pred tim platnima koja su možda bila slike fotografija ili posledica opsednutosti realizmom koja je slikara vodila do opasne ili dvosmislene granice.

U prvoj sali je bilo četiri ili pet slika koje su se vrtele oko teme praznog stola ili stola sa veoma malo predmeta, žestoko osvetljenog bleštavom sunčevom svetlošću. Na nekim platnima stolu je bila pridodata stolica, na drugima pored nije bilo ničega osim njegove izdužene senke na podu koju je svetlost bacala ustranu. Kada je ušla u drugu salu videla je nešto novo, na slici je, osim enterijera sa prostranim izlazom u nedovoljno jasne vrtove bila i ljudska prilika: okrenuta leđima, već se bila udaljila od kuće u kojoj se neizbežni sto ponavljao u prvom planu, na jednakom rastojanju od naslikane prilike i od Dijane. Nije bilo teško shvatiti ili zamisliti da je kuća uvek bila jedna te ista, sada joj je dodata dugačka zelenkasta galerija sa druge slike na kojoj je prilika pokazana s leđa gledala prema nekom udaljenom prozoru-vratima. Čudnovato, ali silueta lika imala je manju snagu nego prazni stolovi, u njoj je bilo nečega od slučajnog posetioca koji se bez posebnog razloga šeta prostranom napuštenom kućom. A posle je bila tišina, ne samo zato što je Dijana izgleda bila jedini posetilac u malom muzeju, nego je i iz slika izbijala samoća koju je tamna muška prilika samo produbljivala. „Ima nečega u toj svetlosti", pomisli Dijana, „svetlosti koja ulazi kao neka čvrsta materija i pritiska stvari." Ali i boja je bila puna tišine, pozadina veoma tamna, jaki kontrasti davali su senci izgled pogrebnog pokrova, tromih draperija mrtvačkog kovčega.

Ušavši u drugu salu iznenađeno je otkrila da je osim još jednog niza slika sa praznim stolovima i leđima okrenutom prilikom bilo i nekoliko sa drugačijim temama, sa usamljenim telefonom, parom figura. Gledala ih je, naravno, ali pomalo kao da ih ne vidi, onaj niz slika sa kućom i samotnim stolovima imao je toliku snagu da su se ostale pretvarale u nekakav dodatak, skoro kao da su ukrasne slike koje vise po zidovima naslikane kuće, a ne u muzeju. Bi joj zanimljivo da otkrije koliko lako podleže hipnozi, oseti pomalo sanjivo zadovoljstvo u prepuštanju mašti, bezopasnim đavolima podnevne vrućine. Vratila se u prvu salu jer nije bila sigurna da li se dobro seća jedne od slika koje je videla, pa otkri da se na stolu za koji je mislila da je prazan nalazi vrč sa kičicama. Prazan sto je, naprotiv, bio na slici okačenoj na naspramnom zidu, i Dijana na trenutak zastade pokušavajući da bolje razazna pozadinu platna, otvorena vrata iza kojih se nazirala druga prostorija, deo nekakvog kamina ili drugih vrata. Postalo joj je jasnije da sve sobe pripadaju jednoj te istoj kući, kao hipertrofija nekog autoportreta na kojem je umetnik uglađeno rasejan, osim ako se nije predstavio u crnoj prilici (sa dugačkim ogrtačem na jednoj od slika) uporno okrenut leđima drugom posetiocu, uljezu koji je platio kako bi i sam ušao u kuću i šetao se praznim sobama.

Vratila se u drugu salu i pošla prema odškrinutim vratima koja su vodila u sledeću. Jedan ljubazan i malo prigušen glas natera je da se okrene; uniformisani čuvar – po ovakvoj vrućini, jadnik – došao je da joj kaže kako se muzej zatvara u podne, ali će ponovo biti otvoren u pola četiri.

– Ima li još mnogo da se vidi? – upita Dijana, koja je iznenada osetila umor od muzeja, mučninu u očima koje su progutale isuviše slika.

– Ne, samo poslednja sala, gospođice. Tamo je jedna slika, kažu da je umetnik tražio da stoji zasebno. Hoćete li da je vidite pre nego što odete? Mogu da sačekam koji trenutak.

Baš je bila luda što nije pristala, Dijana je to znala istog časa kada je kazala ne i našalila se sa čuvarom na račun ručka koji se ohladi ako čovek ne stigne na vreme. „Nećete morati opet da plaćate ulaznicu ako se vratite", rekao je čuvar, „sad vas već poznajem." Na ulici, zaslepljena podnevnom svetlošću, upita se, šta joj bi, dođavola, besmisleno je toliko se zanimati za hiperrealizam ili šta je već to kod onog nepoznatog slikara, pa onda naprečac propustiti poslednju sliku, koja je možda i najbolja. Ali ne, umetnik je hteo da je odvoji od ostalih, a to znači da je ona možda sasvim različita, u drugom maniru ili iz drugog perioda, zašto bi se tek tako prekidao niz koji je u njoj trajao kao celina, uvlačeći je u okvir bez pukotina. Bolje što nije ušla u poslednju salu, nije podlegla opsesiji savesnog turiste, tužnoj manijačkoj želji da se muzeji obiđu do kraja.

U daljini spazi kafanu na trgu i pomisli kako je vreme ručku; nije bila gladna, ali uvek je bilo tako kad je putovala s Orlandom, za Orlanda je podne bilo ključni trenutak, ceremonija ručka sakralizovala je na neki način onaj prelaz iz pre u posle podne, Orlando bi svakako odbio da nastavi šetnju po varoši kad je kafana tu, na dva koraka. Ali Dijana nije bila gladna i pomisao na Orlanda je u njoj sve manje izazivala bol; nastaviti šetnju udaljavajući se od kafane nije značilo odupirati se ritualima ili izdati ih. Mogla je slobodno i dalje da se seća i ako se ne pokorava tolikim stvarima, i ako se prepusti nasumičnoj šetnji i maglovitom sećanju na neko drugo leto sa Orlandom, u planinama, sećanju na neku plažu, sećanju što joj se možda vraćalo kako bi je pročistilo od sunca koje je peklo u leđa i potiljak, Orlando na onoj plaži šibanoj vetrom i solju dok se Dijana gubila u bezimenim i pustim uličicama, dok se kretala tik uza zidove od sivog kamena, rasejano posmatrajući neku neobičnu otvorenu kapiju koja je dopuštala sumnju da iza nje postoje dvorišta, bunari sa svežom vodom, glicinije, mačke što dremaju na kamenim pločama. I ponovo taj osećaj da ne prolazi ona kroz varoš, nego da varoš prolazi kroz nju, kamene ploče ulica koje klize unazad kao na pokretnoj traci, nekakvo biti tu dok stvari teku i gube se za leđima, bezimen život ili bezimena varoš. Sada je dolazio maleni trg sa dve rahitične klupe, još jedna uličica što vodi na okolna polja, bašte sa ne preterano čvrstim plotovima, savršena samoća podneva, njegova surovost senkoubice, zaustavitelja vremena. U pomalo zapuštenom vrtu nije bilo drveća, po njemu je pogled mogao nesmetano da švrlja, sve do širokih otvorenih vrata stare kuće. Sa neveriocm, a u isti mah bez ikakve sumnje, Dijana u senci nazre galeriju istovetnu sa onom koja se nalazila na jednoj od slika u muzeju, osećala se kao da prilazi slici sa druge strane, sa spoljašnje strane kuće, umesto da kao posetilac bude deo njenih prostorija. Ako je bilo nečega čudnog u tom trenutku, onda je to bio nedostatak čuđenja pri prepoznavanju koje ju je teralo da bez oklevanja uđe u vrt i priđe kućnim vratima, na kraju krajeva, zašto da ne kad je platila ulaznicu, kad nije bilo nikoga da se usprotivi njenom prisustvu u vrtu, njenom prolasku kroz otvorena dvokrilna vrata, hodanju kroz galeriju što vodi u prvu praznu salu u koju je kroz prozor ulazila žuta žuč svetlosti prelamajući se na bočnom zidu, presecajući jedan prazan sto i jednu jedinu stolicu.

Ni straha ni iznenađenja, čak je i lako dostupna odstupnica u pozivanje na slučaj skliznula kraj Dijane ne našavši uporište, zašto bi se mučila oko pretpostavki i objašnjenja kada su se druga vrata već otvarala s leve strane i u jednoj sobi sa velikim kaminima neizbežni sto se pružao u dugačku, brižljivo ocrtanu senku. Dijana ravnodušno pogleda mali beli stolnjak i tri čaše, ponavljanja su postajala dosadna, žestoki snažan nalet presecao je senku. Jedino su vrata u dnu bila drugačija, to što su zatvorena umesto pritvorena unosilo je nešto neočekivano u obilazak koji se tako poslušno ponavljao. Zastade svega na jedan tren, reče sebi kako su vrata zatvorena naprosto zato što ona nije bila ušla u poslednju salu u muzeju, i proviriti iza tih vrata bilo bi isto što i vratiti se onamo kako bi se dovršila poseta. Sve je preterano geometrično, na kraju krajeva, sve je neslućeno, a opet kao da je predviđeno, plašiti se ili čuditi izgledalo je podjednako neprilično kao i zazviždati ili upitati na sav glas ima li koga u kući.

Izuzetka nije bilo čak ni u toj jedinoj razlici, vrata popustiše pod njenom rukom i opet ono isto, mlaz žute svetlosti sudarao se sa zidom, sto je izgledao još prazniji nego ostali, njegova izdužena i groteskna projekcija ostavljala je utisak da mu je neko snažno strgnuo crni stolnjak i bacio ga na pod, a zašto ga ne bi videla na drugi način, kao čvrsto telo na četiri noge kome su upravo skinuli odeću i bacili je u kraj da bude crnkasta mrlja. Bilo je dovoljno pogledati zidove i prozor pa uočiti onu istu praznu pozornicu, ovoga puta nema čak ni drugih vrata koja bi kuću produžila u nove prostorije. Premda je pored stola videla stolicu nije je bila uključila u prvo prepoznavanje, ali ju je sada pridružila poznatim stvarima, onolikom broju stolova sa ili bez stolica u onoliko mnogo sličnih prostorija. Nejasno razočarana, prišla je stolu i sela, zapalila cigaretu, poigrala se dimom koji je puzio niz vodoravan mlaz svetlosti ocrtavajući samog sebe, kao u želji da se suprotstavi težnji ka praznini što vlada u svim sobama, na svim slikama, isto onako kao što je iznenadan smeh negde iza Dijaninih leđa na trenutak presekao tišinu iako je to možda bio samo kratak zov neke ptice tamo napolju, škripa suvog drveta, svakako, nema potrebe da ponovo zaviruje u prethodnu prostoriju gde su tri čaše sa stola bacale svoje sablasne senke na zid, nepotrebna je žurba, bekstvo bez panike ali i bez osvrtanja.

Na ulici je neki dečak upita koliko je sati i Dijana pomisli kako mora požuriti ako hoće da ruča, ali kelner kao da ju je čekao ispod platana, mahnu joj u znak dobrodošlice i pokaza najhladovitije mesto. Nije imalo smisla jesti ali se u Dijaninom svetu gotovo uvek jelo tako, ili zato što bi Orlando rekao da je vreme ručku, ili zato što joj nije preostajalo ništa drugo između dva posla. Naručila je jedno jelo i belo vino, čekala je previše dugo za tako prazan lokal; već pre nego što je popila kafu i platila znala je da će se vratiti u muzej, da je ono najgore u njoj primorava da ponovo pogleda to što bi bilo bolje prihvatiti bez analiziranja, skoro bez radoznalosti, i da će, ako ne učini tako, zažaliti na kraju etape, kada sve postane obično kao što je i uvek, muzeji i hoteli i čeprkanje po prošlosti. Pa i ako u stvari ništa ne bi bilo razjašnjeno, njena bi se inteligencija proteglila kao zadovoljna kuja čim bi utvrdila potpunu simetričnost stvari, da slika okačena u poslednjoj sali u muzeju poslušno predstavlja poslednju prostoriju u kući; čak bi se i sve ostalo moglo uklopiti u taj poredak, ako bi razgovarala sa čuvarom radi upotpunjavanja praznina, konačno, ima toliko umetnika koji savršeno tačno kopiraju svoje modele, toliki stolovi na ovom svetu završili su u Luvru ili Metropolitenu, udvajajući stvarnost pretvorenu u prah i zaborav.

Bez žurbe je prošla kroz prve dve sale (u drugoj je bio jedan par koji je razgovarao šapatom iako su do tada oni bili jedini posetioci tog popodneva). Dijana se zadrža ispred dve-tri slike i po prvi put ugao svetlosti uđe i u nju kao nešto nemoguće što nije htela da prizna u pustoj kući. Vide kako se onaj par zaputio ka izlazu, pa sačeka da ostane sama pre nego što krene ka vratima poslednje sale. Platno se nalazilo na zidu s leve strane, trebalo je poći od sredine kako bi se dobro videlo šta je na njemu: sto, i stolica na kojoj je sedela jedna žena. Kao i lik okrenut leđima sa nekih od slika, i žena je bila obučena u crno, ali joj je lice bilo okrenuto za tri četvrti, a smeđa kosa padala do ramena preko nevidljive strane profila. Nije bilo ničega po čemu bi se razlikovala od svega prethodnog, uklapala se u istu likovnu predstavu kao i čovek što se šetao po drugim platnima, bila je deo jednog niza, još jedna figura proistekla iz iste estetičke volje. A istovremeno je tu bilo nečega što je možda objašnjavalo zašto je slika u poslednjoj sali, iz vidnih sličnosti izbijalo je sada drugačije osećanje, sve jače ubeđenje, ne samo da se ta žena razlikuje od one druge ličnosti po polu, nego i po držanju: leva ruka koja mlitavo visi niz telo i trup lako povijen i svom težinom oslonjen na nevidljivi lakat spušten na sto govorili su Dijani nešto drugo, pokazivali joj opuštenost koja je išla dalje od povlačenja u sebe ili dubokog sna. Ta je žena bila mrtva, kosa i ruka su joj visili, njena nepokretnost je na neobjašnjiv način bila izrazitija od nepomičnosti stvari ili bića na drugim slikama: smrt je tu bila kao vrhunac tišine, vrhunac samoće u kući i u njenim ličnostima, u svakom od stolova i senki i galerija.

I ne znajući kako, ponovo se našla na ulici, na trgu, ušla u auto i izašla na uzavreli drum. Iz sve snage je nagazila papučicu za gas, ali je malo-pomalo usporavala, počela je da misli tek kada joj je cigareta oprljila usne, besmisleno je misliti kada ima toliko kaseta sa muzikom koju je Orlando voleo i zaboravio i koje je ona s vremena na vreme slušala, pristajući na mučenje izazvano naletom uspomena dražih od samoće, od mutne slike praznog sedišta pored sebe. Do grada joj je trebalo svega jedan čas a činilo joj se da do njega ima da putuje satima, ili vekovima, kao i do svega ostalog, do zaborava, na primer, ili do dugog kupanja u toploj vodi u hotelu, viskija u baru, večernjih novina. Sve je simetrično, kao što je to za nju oduvek i bilo, nova etapa kao replika na prethodnu, sledeći hotel će zatvoriti parni broj hotela ili otvoriti neparni koji će popuniti sledeća etapa; kao i kreveti, naftovodi, katedrale ili nedelje. I to isto je trebalo da se dogodi i u muzeju gde je ponavljanje bilo manijačko, predmet za predmetom, sto za stolom, do nepodnošljivog konačnog loma, izuzetka zbog kojeg je na sekundu blesnulo savršeno slaganje nečega što se više nije uklapalo ni u šta, ni u razum, ni u ludilo. Jer najgore bi bilo tražiti nešto razborito u onome što je od početka bilo pomalo delirično, idiotsko ponavljanje, a istovremeno kao nekakvu mučninu osećati da bi joj samo potpuno ispunjenje toga nečega povratilo sklad saobražen razumu, stavilo to ludilo na dobru stranu njenog života, smestilo ga u isti red sa drugim simetrijama, drugim etapama. Ali onda nije moguće, nešto je tu izmaklo i ne može se tek tako sve to i dalje prihvatati, čitavo njeno telo izvilo se unazad, kao da se opire da nastavi put, ako joj je nešto ostalo da učini onda je to samo da napravi polukrug i vrati se, da se svim razumnim dokazima uveri da je to budalasto, da kuća ne postoji, ili da postoji, da je tamo, ali je u muzeju samo izložba apstraktnih crteža ili istorijskih prizora, nešto što se ona nije ni potrudila da vidi. Bekstvo je prljav način da se prihvati neprihvatljivo, da se suviše kasno istupi iz jedinog života koji može da zamisli, iz bezbojnog svakodnevnog povlađivanja izlasku sunca ili vestima sa radija. Ona opazi prazan prostor s desne strane, okrenu kola i vrati se na drum jureći punom brzinom sve dok prvi salaši iz okoline varoši ne počeše da joj se vraćaju u susret. Ostavila je za sobom trg, zapamtila je da treba da skrene levo da bi izbila na stanicu gde će moći da ostavi auto, produžila je pešice prvom pustom uličicom, čula kako cvrčak cvrči negde na platanu, napušteni vrt je bio tu, velika vrata i dalje otvorena.

Čemu zadržavati se u prvim dvema prostorijama u kojima vodoravna svetlost nije oslabila, uveriti se da su stolovi još tu, da je možda ona sama zatvorila vrata treće sobe kada je izlazila. Znala je, treba samo da ih gurne, da uđe bez ikakvih teškoća, pa da u punom svetlu vidi sto i stolicu. Ponovo će sesti kako bi popušila cigaretu (pepeo sa one druge prilično se nagomilao u jednom uglu stola, opušak je sigurno bacila na ulici), naslonila se na stranu ne bi li izbegla da joj svetlost sa prozora bije pravo u oči. Potražila je upaljač u tašni, pogledala prvi kolut dima koji se uvijao spram svetlosti. Ako je onaj jedva čujan smeh ipak bio samo ptičja pesma, sada napolju nije pevala nikakva ptica. Ali ostalo joj je još mnogo cigareta da popuši, mogla je da se nasloni na sto i da pusti da joj pogled luta po tami zida u dnu. Mogla je da ode kad god poželi, naravno, a mogla je i da ostane; možda bi bilo lepo videti da li će se sunčeva svetlost popeti uza zid, sve više izdužujući senku njenog tela, stola i stolice, ili će ostati ovakva, ne menjajući ništa, nepomična kao i sve ostalo, kao ona i kao dim, nepomični.

RASKORAK

Više nisam imao nikakvog posebnog razloga da se svega toga sećam, i premda sam povremeno voleo da pišem a neki prijatelji povoljno ocenjivali moje stihove ili priče, katkad mi se dešavalo da se upitam zaslužuju li te uspomene na detinjstvo da budu zapisane, ne rađaju li se one iz naivne želje da verujem kako stvari postaju istinitije kada ih pretvorim u reči da ih tako ovekovečim na svoj način, da ih imam kraj sebe kao kravate u ormaru ili Felisijino telo noću, nešto što se nije moglo iznova proživeti ali je postalo prisutnije, kao da se kroz puko sećanje probija neka treća dimenzija, neka skoro uvek gorka ali toliko željena uporednost. Nikada nisam sasvim razumeo zašto, ali sam se više puta vraćao stvarima koje su drugi naučili da zaborave kako se ne bi vukli kroz život sa tolikim teretom vremena na plećima. Bio sam uveren da je među mojim prijateljima malo onih koji bi se sećali svojih drugova iz detinjstva kao što sam se ja sećao Dora, čak i kada sam pisao o Doru gotovo nikada nije on bio taj koji me je nagonio da pišem, bilo je to nešto drugo, nešto u čemu je Doro bio samo izgovor za sliku njegove starije sestre, sliku Sare iz vremena kada smo se Doro i ja igrali u dvorištu ili crtali u gostinskoj sobi u Dorovoj kući.

Bili smo tako nerazdvojni u to vreme, u šestom razredu, sa dvanaest ili trinaest godina, da nisam kadar da osetim samog sebe kako pišem o Doru, da sebe prihvatim sa spoljašnje strane lista, sebe kako pišem o Doru. Videti njega značilo je istovremeno videti i sebe kao Anibala sa Dorom, i ne bih se mogao setiti bilo čega o

Doru a da istovremeno ne osetim kako je Anibal takođe prisutan u tom trenutku, da je u stvari Anibal šutnuo onu loptu i razbio prozor na Dorovoj kući jednog letnjeg popodneva, i onaj strah ili želju da se sakrijem ili da vičem nisam kada se pojavi Sara i nazove ih razbojnicima i pošalje da se igraju na livadi iza ugla. A uz sve to dolazi i Banfild, naravno, jer sve se to tamo događalo, ni Doro ni Anibal ne bi mogli sebe da zamisle ni na jednom drugom mestu osim u Banfildu gde su kuće i livade tada bile veće nego svet.

Jedno mesto, Banfild, sa nepopločanim ulicama i Južnom železničkom stanicom, sa ledinama koje su leti vrvele od raznobojnih guštera u vreme sjeste, što bi se noću kao u strahu šćućurilo oko nekoliko svetiljki po uglovima uz poneki zvižduk stražara na konju i uskovitlani oreol od letećih buba oko svakog uličnog svetla. Dorova kuća se nalazila tako blizu Anibalove da je ulica za njih bila samo još jedan hodnik, pa behu nerazdvojni i danju i noću, popodne na livadi dok su igrali fudbal ili pod svetlom svetiljke na uglu, gde su gledali kako žabe skakuću za insektima opijenim žutom svetlošću. A u leto stalno, leto sa raspustom, sloboda u igranju, vreme koje pripada samo njima, koje je stvoreno samo za njih, bez rasporeda časova i zvonca za početak nastave, miris leta u vrelom vazduhu večeri i noći, na licima znojavim posle pobede ili poraza ili tuče ili trkanja, od smejanja ili ponekad od plakanja ali uvek zajedno, uvek slobodni, gospodari svoga sveta papirnatih zmajeva i lopte i ćoškova i pločnika.

U sećanje mu se urezalo malo slika vezanih za Saru, ali se svaka od njih ocrtavala jasno kao vitraž u vreme kada je sunce u zenitu, sa plavom i crvenom i zelenom što do bola prodiru u prostor, ponekad bi Anibal najpre video njenu plavu kosu kako pada na ramena kao milovanje koje bi on želeo da oseti na svom licu, ponekad njenu tako belu kožu, pošto Sara gotovo nikada nije izlazila na sunce, zaneta kućnim poslovima, bolesnom majkom i Dorom koji se svako veče vraćao u prljavoj odeći, sa razbijenim kolenima, blatnjavim cipelama. Tada uopšte nije znao koliko Sara ima godina, samo je shvatao da je ona već gospođica, mlada majka svoga brata koji je postajao još veće dete kada bi mu se ona obraćala, kada bi ga pomilovala po glavi pre nego što ga pošalje da nešto kupi ili ih obojicu zamoli da ne viču toliko u dvorištu. Anibal ju je stidljivo pozdravljao pružajući joj ruku koju bi Sara ljubazno stezala gotovo i ne gledajući u njega ali prihvatajući ga kao drugu polovinu Dora koja je skoro svakodnevno dolazila u kuću da čita ili da se igra. U pet sati bi ih zvala na belu kafu i keks, uvek za stočićem u dvorištu ili u senovitoj gostinskoj sobi; Anibal je samo dva-tri puta video Dorovu majku, iz svojih invalidskih kolica ljubazno im je govorila zdravo, momci, pazite na automobile, a pošto je u Banfildu bilo tako malo automobila, oni su se smeškali uvereni da ih mogu izbeći na ulici, uvereni u svoju nepovredivost igrača fudbala i trkača. Doro nikada nije govorio o svojoj majci koja je skoro uvek bila u krevetu ili slušala radio u gostinskoj sobi, kuća je bila dvorište i Sara, ponekad ih je čika koji je dolazio u posetu zapitkivao šta su učili u školi i poklanjao im pedeset centava. I za Anibala je uvek bilo leto, zime skoro da se i nije sećao, njegova kuća postajala je siv i maglovit zatvoren prostor gde su samo knjige bile važne, porodica se bavila svojim poslovima a stvari stajale nepomične na za njih određenim mestima, kokoške o kojima se on morao brinuti, bolesti sa dugim dijetama i čajem i samo ponekad Doro, pošto Doro nije voleo da se zadržava u kući u kojoj ih nisu puštali da se igraju kao u njegovoj.

Bilo je to za vreme bronhitisa koji je trajao petnaest dana; Anibalu je teško padalo Sarino odsustvo, kada mu je Doro dolazio u posetu pitao bi ga za nju a Doro mu rasejano odgovarao da je dobro, jedino ga je zanimalo hoće li ove nedelje opet moći da se igraju na ulici. Anibal je želeo da sazna nešto više o Sari ali se nije usuđivao da mnogo pita, Doru bi se učinilo glupo što se zanima za nekoga ko se ne igra kao oni, nekoga ko je tako daleko od svega što su oni radili i mislili. Kada je, još pomalo slab, mogao ponovo da ode kod Dora, Sara mu je pružila ruku i upitala ga kako je, ne bi smeo da se igra loptom ni da se zamara, bolje da crtaju ili da čitaju u gostinskoj sobi; njen glas je bio ozbiljan, govorila je onako kako je uvek razgovarala sa Dorom, srdačno ali na odstojanju, kao starija sestra, pažljiva i gotovo stroga. Pre nego što je te noći zaspao, Anibal je osetio da mu se nešto penje u oči, jastuk mu se pretvarao u Saru, u potrebu da je stegne u naručje i da plače lica priljubljenog uz Saru, uz Sarinu kosu, u želju da ona bude tu i da mu donosi lekove i da gleda toplomer sedeći na ivici kreveta. Kada se ujutru pojavila njegova majka da mu istrlja grudi nečim što je mirisalo na alkohol i na mentol, Anibal je sklopio oči i Sarina ruka mu je zadigla košulju, blago ga milovala, lečila.

Ponovo je bilo leto, dvorište Dorove kuće, raspust uz romane i olovne vojnike, uz skupljanje maraka i sličica fudbalera koje su lepili u album. Tog popodneva su razgovarali o dugačkim pantalonama, još malo pa će početi da ih oblače, ko bi pošao u srednju školu u kratkim pantalonama. Sara ih je pozvala na belu kafu i Anibalu se učinilo da je prisluškivala o čemu razgovaraju i da joj se na licu vidi nešto nalik ostatku osmeha, možda se zabavljala slušajući ih kako o tome govore i malo im se podsmevala. Doro mu je rekao da ona već ima verenika, nekog velikog gospodina koji ju je posećivao subotom ali koga on još nije bio video. Anibal ga je zamišljao kako Sari donosi bombone i sa njom razgovara u gostinskoj sobi, baš kao verenik njegove rođake Lole, nekoliko dana kasnije prošao mu je bronhitis i opet je mogao da se igra na poljančetu sa Dorom i ostalim drugarima. Ali noću je bilo tužno a opet tako lepo, kada bi ostao sam u svojoj sobi, pred spavanje bi govorio da Sara nije tu, da nikada neće ući da ga vidi ni zdravog ni bolesnog, baš u onaj čas kada bi je osećao tako blizu, posmatrao je zatvorenih očiju a Dorov glas ili uzvici drugih dečaka nisu se mešali sa tim Sarinim prisustvom, tu, samo za njega, pored njega, i ponovo bi navirao plač kao želja za predavanjem, želja da bude Doro u Sarinom naručju, da mu Sarina kosa dotakne čelo i da mu njen glas kaže laku noć, da ga Sara pokrije pre nego što ode.

Usudio se da kao usput zapita Dora ko ga je pazio kad je bio bolestan, jer je Doro imao nekakvu stomačnu infekciju pa je pet dana proveo u krevetu. Upitao ga je to kao da je sasvim prirodno da se o njemu brinula mati, znajući da to nije moguće i da je onda morala Sara, i lekove, i druge stvari. Doro mu odgovori da je o svemu brinula njegova sestra, promeni temu i poče razgovor o filmovima. No Anibal je želeo da sazna više, da li se Sara brinula o njemu od malena, pa razume se da se brinula, pošto je njegova mama već osam godina nepokretna, i Sara je pazila na oboje. Ali onda te je ona kupala kad si bio mali? Naravno, što me pitaš te gluposti? Ništa, tek tako, da znam, sigurno je neobično imati veliku sestru koja te kupa. Šta tu ima čudno, burazeru. A kad si kao mali bio bolestan, ona te pazila i sve ti radila? Pa da, razume se. A ti se nisi stideo da te sestra vidi i da ti sve radi? Ma ne, što da se stidim, onda sam bio mali. A sada? Pa eto, i sad je isto, što bih se stideo kad sam bolestan.

Zašto bi, razume se. Kada bi sklopio oči, video bi Saru kako po mraku ulazi u njegovu sobu, prilazi njegovom krevetu, osećao nešto kao želju da ga ona pita kako mu je, da mu položi ruku na čelo a potom da spusti čaršave i pogleda povredu na nozi, promeni zavoj, kaže mu da je šašav što se posekao staklom. Osećao je kako mu zadiže košulju i posmatra ga golog, dodiruje mu trbuh da proveri nije li upaljen, ponovo ga pokriva i kaže mu da spava. Grleći jastuk iznenada se oseti tako sam, i kada otvori oči, u sobu u kojoj Sare više nije bilo nadirala je plima teskobe i zadovoljstva jer niko, niko nije mogao znati za njegovu ljubav, čak ni Sara, niko nije mogao razumeti muku i želju da umre zbog Sare, da je spase od tigra ili od požara i da umre za nju, da mu ona bude zahvalna i da ga ljubi kroz suze. A kada mu ruke skliznuše i kada poče da se miluje kao Doro, kao svi dečaci, u njegovim mislima nije bila Sara, bila je dućandžijina ćerka ili rođaka Jolanda, to se nije moglo dogoditi sa Sarom koja je dolazila noću da se brine o njemu kao što se brinula o Doru, kraj nje je postojalo samo zadovoljstvo da je zamišlja kako se naginje nad njim i miluje ga, i to je bila ljubav, iako je Anibal već znao šta bi ljubav mogla biti i zamišljao to sa Jolandom, zamišljao sve što bi jednom uradio Jolandi ili dućandžijinoj ćerki.

Ono sa jarkom desilo se negde potkraj leta, posle igranja na livadi izdvojili su se od ostalih i putem za koji su samo oni znali i koji su zvali Sandokanova staza izgubili se u bodljikavom šipražju gde su jednom našli psa obešenog o drvo i pobegli glavom bez obzira. Sve su ruke izgrebali probijajući se kroz najveću guštaru, lica su im se zaplitala u granje vrba koje je visilo, sve dok ne izbiše na ivicu jarka punog mutne vode gde su se uvek nadali da će uloviti šarana a nikada ništa nisu izvukli. Voleli su da sednu na ivicu i da puše cigarete koje je Doro pravio od kukuruzovine, da razgovaraju o Salgarijevim romanima i kuju planove o putovanjima i raznim stvarima. Ali toga dana nisu imali sreće, Anibalu je cipela zapela za neki koren pa je posrnuo, uhvatio se za Dora, i obojica su se survali niz padinu u jarak i upali do pojasa, nije bilo opasno ali im se učinilo da jeste, očajnički su mlatarali rukama dok se nisu dočepali granja jedne vrbe, uspuzali se do gore uz psovke, bili su puni blata, curilo im je pod košuljama i pantalonama i smrdelo na trulež, na crknutog pacova.

Vratiše se skoro ćutke i sa zadnje strane se uvukoše u Dorov vrt u nadi da u dvorištu neće biti nikoga i da će moći kriomice da se okupaju. Sara je prostirala rublje nedaleko od kokošarnika pa ih je videla kad su došli, Doro kao uplašen a Anibal za njim, hteo je u zemlju da propadne od srama, stvarno je hteo da umre, da bude hiljadu milja daleko od Sare kad ih je ona pogledala stisnutih usana, u tišini u kojoj su oni stajali smešni i zbunjeni na suncu u dvorištu.

– Samo mi je još to falilo – bilo je jedino što je Sara izustila, obrativši se Doru ali i Anibalu koji je mucao prve reči priznanja, samo je on kriv, zakačila mu se cipela i onda, Doro ništa nije kriv za, nego je sve bilo onoliko klizavo.

– Smesta na kupanje – reče Sara kao da nije čula – izujte cipele pre nego što uđete a posle operite odeću u koritu kod kokošinjca.

U kupatilu se pogledaše i Doro se prvi nasmeja ali mu je smeh bio neubedljiv, skinuše se i pustiše tuš, pod vodom su mogli stvarno da se smeju, da se otimaju oko sapuna, da gledaju jedan drugog od glave do pete i da se golicaju. Reka blata tekla je do slivnika i polako se rastapala, sapun je počeo da peni, toliko su se ludirali da u prvi mah nisu ni primetili kako su se vrata otvorila i Sara stala i posmatrala ih, prišla Doru i uzela mu sapun iz ruke, istrljala mu još uvek blatnjava leđa. Anibal nije znao šta da radi, stajao je u kadi i stavio šake na trbuh, onda se naglo okrenuo da ga Sara ne bi videla i to je bilo još gore, onako okrenut tri četvrtine dok mu je voda tekla niz lice, okrenuo se na stranu, pa opet leđima, sve dok mu Sara nije pružila sapun uz jedno operi malo bolje te uši, pun si blata.

Te večeri nije mogao da vidi Saru kao prethodnih noći. Ma koliko stezao kapke samo je video Dora i sebe u kadi, Saru kako im prilazi i pregleda ih od glave do pete pa potom izlazi iz kupatila sa prljavim rubljem u rukama, velikodušno odlazi da im opere stvari u koritu i dovikuje da se umotaju u peškire dok se sve ovo ne osuši, ćutke im daje belu kafu, ni ljuta ni ljubazna, stavlja dasku za peglanje ispod glicinija i polako suši pantalone i košulje. Kako to da nije umeo ništa da joj kaže na kraju, kada im je rekla da se obuku, da joj je samo rekao hvala, Sara, kako ste dobri, od sveg srca hvala, Sara. Ni to nije umeo da kaže, ni on kao ni Doro, bez reči su otišli da se obuku, i onda filatelija i avinončići, Sara se više nije pojavljivala, uvek se predveče bavila oko majke, spremala večeru i ponekad pevušila neki tango uz lupu tanjira i šerpi, odsutna kao sada pod očnim kapcima koji je više nisu mogli dovesti, kada bi znala koliko je voli, koliko je stvarno hteo da umre kad je video kako ih posmatra dok se tuširaju.

Sigurno je to bilo za vreme poslednjeg raspusta pred polazak u gimnaziju, bez Dora jer je Doro pošao u neku drugu srednju školu, ali su jedan drugom obećali da će se viđati svakodnevno, iako idu u različite škole, šta to mari ako se popodne budu igrali kao i uvek, nisu znali da neće biti tako, da će se jednog februarskog ili martovskog dana igrati poslednji put u Dorovom dvorištu jer se Anibalova porodica selila u Buenos Ajres i mogli su se viđati samo krajem nedelje, sa gorčinom i besom zbog promene koju nisu želeli da prihvate, zbog odvajanja koje su im odrasli nametnuli kao i toliko drugih stvari, ne obazirući se na njih, ne pitajući ih za mišljenje.

Odjednom je sve počelo brzo da se odvija, menjalo se kao i oni, sa prvim dugačkim pantalonama, kada mu je Doro rekao da će se Sara udati početkom marta saopštio mu je to kao nešto sasvim nevažno i Anibal ništa nije odgovorio, prošlo je mnogo dana dok se nije usudio da pita Dora hoće li Sara i dalje živeti sa njim posle udaje, ma ti si lud, kako da žive ovde, tip je pun love i odvešće je u Buenos Ajres, ima i kuću u Tandilu, a ja ću ostati sa mamom i sa tetka Faustinom koja će se brinuti o njoj.

Te poslednje subote raspusta video je verenika kad je došao automobilom, u plavom odelu i debeo, s naočarima, izašao je iz auta sa paketićem kolača i buketom ljiljana. Zvali su ga kući da spakuje svoje stvari, selili su se u ponedeljak a on još ništa nije uradio. Voleo bi da je mogao da ode kod Dora, ni sam nije znao zašto, samo da bude tamo, ali majka ga je naterala da spakuje knjige, globus, zbirke buba. Kazali su mu da će imati veliku sobu s pogledom na ulicu, kazali su mu da će u školu moći pešice. Sve je bilo novo, sve je trebalo da počne nekako drugačije, sve se polako okretalo, i Sara sad verovatno sedi u gostinskoj sobi sa debeljkom u plavom odelu, pije čaj i jede kolače koje je on doneo, tako daleko od dvorišta, daleko od Dora i od njega, i nikada ih više neće pozvati na belu kafu pod glicinijama.

Prve subote u Buenos Ajresu (zbilja, imao je veliku sobu, kraj je bio pun radnji, bioskop dva bloka niže) vozom se vratio u Banfild da poseti Dora. Upoznao je tetka Faustinu, koja im nije dala ništa kada su završili sa igranjem u dvorištu, oni krenuše u šetnju po kraju i Anibal tek posle nekog vremena upita za Saru. Pa eto, venčala se građanski i sad su već u kući u Tandilu gde provode medeni mesec, Sara će dolaziti svakih petnaest dana da poseti majku. I ne nedostaje ti? Nedostaje, ali šta se može. Naravno, sada je udata. Doro je postajao rasejan, počinjao da menja temu, i Anibal nije nalazio načina da nastavi razgovor o Sari, možda da ga pita kakvo je bilo venčanje, a Doro će kroz smeh, šta ja znam, valjda kao i obično, iz opštine su otišli u hotel a onda je došla prva bračna noć, legli si u onda je tip stupio na scenu. Anibal je slušao gledajući gvozdene kapije i balkone, nije želeo da mu Doro vidi lice i Doro je to shvatio, sigurno ne znaš šta se dešava prve bračne noći. Ne zajebavaj, naravno da znam. Znaš, ali prvi put je drugačije, pričao mi Ramires, njemu je pričao brat koji je advokat i oženio se prošle godine, sve mu je objasnio. Na trgu je bila jedna prazna klupa, Doro je kupio cigarete pa je nastavio da mu priča i da puši, Anibal je klimao glavom, uvlačio dim od kojeg je počelo da mu se vrti, nije morao da zatvori oči da bi u dubini krošnje video Sarino telo koje nikada nije zamišljao kao telo, da vidi prvu bračnu noć kroz reči Ramiresovog brata, kroz glas Dora koji je i dalje pričao.

Toga dana nije se usudio da zatraži Sarinu adresu u Buenos Ajresu, ostavio je to za neku narednu posetu jer se u tom času plašio Dora, ali do naredne posete nikada nije došlo, počela je škola i novi prijatelji, Buenos Ajres je malo-pomalo progutao Anibala zatrpanog knjigama iz matematike i tolikim bioskopima u centru i stadionom kluba River i prvim noćnim šetnjama sa Betom, koji je pravi Portenjac. Verovatno se i Doru isto to dešavalo u La Plati, s vremena na vreme Anibal je pomišljao da mu pošalje nekoliko redaka jer Doro nije imao telefon, onda bi došao Beto ili je trebalo uraditi nekakav zadatak, prolazili su meseci, pa prva godina, odmor u Saladilju, od Sare je polako ostala samo gdekoja usamljena slika, iznenadni nalet Sare kada bi ga nešto u Mariji ili Felisi na trenutak podsetilo na nju. Jednoga dana, na drugoj godini, jasno ju je video kada se prenuo iz jednog sna i to ga je zabolelo bolom koji je bio gorak i žario, na kraju krajeva, i nije bio toliko zaljubljen u nju, u svakom slučaju pre je bio klinac i Sara mu nikada nije poklanjala pažnju kao sada Felisa ili plavuša iz apoteke, nikada s njim nije išla na igranku kao rođaka Beba ili Felisa na proslavu upisa u četvrti razred, nikada mu nije dopustila da joj miluje kosu, kao Marija, da ode sa njom na igranku u San Isidro niti da se oko ponoći sa njom izgubi među drvećem na obali, da poljubi Felisu u usta kroz ljutnju i smeh, da je pritisne uz neko deblo i miluje joj grudi, da spušta ruku dok se ne izgubi u onoj neuhvatljivoj toplini, a posle druge igranke i mnogih bioskopa u dnu Felisinog vrta da sklizne sa njom na tle, da oseti u ustima njen slan ukus i dopusti da ga pretražuje ruka koja ga je vodila, naravno da joj neće reći da mu je to prvi put, da se plaši, već je bio na prvoj godini građevine i nije to mogao reći Felisi, a posle više nije ni trebalo jer se sve učilo tako brzo sa Felisom i ponekad sa rođakom Bebom.

Nikada više nije ništa čuo o Doru niti mu je to bilo važno, zaboravio je na Beta koji je predavao istoriju u nekom mestu u unutrašnjosti, igre su se nastavljale bez iznenađenja, kao što se to svima događa, Anibal je pristajao ne pristajući, nešto što mora biti da je život pristajalo je umesto njega, diploma, ozbiljna žutica, putovanje u Brazil, važan projekat u ateljeu sa još dva-tri kompanjona. Opraštao se od jednog od njih na vratima pre nego što će poći na pivo po završetku posla, kada je spazio Saru kako dolazi pločnikom s druge strane ulice. Odjednom se setio da ju je prethodne noći sanjao i da je to opet bilo u dvorištu Dorove kuće, mada se ništa nije desilo, Sara je samo stajala tu i prostirala rublje ili ih zvala na belu kafu, a onda se san prekinuo a da skoro nije ni počeo. Možda baš zato što se ništa nije dogodilo slike behu tako oštre i jasne pod letnjim suncem u Banfildu koje u snu nije bilo isto kao u Buenos Ajresu, možda zbog toga, ili u nedostatku nečeg boljeg, ponovo se setio Sare posle tolikih godina zaborava (ali nije to bio zaborav, ponavljao je turobno tokom dana) a sad je vidi kako prilazi ulicom odevena u belo, ista kao i pre, sa kosom koja joj poskakuje po plećima pri svakom koraku u igri zlatastih svetlosti, spajajući slike iz sna u neprekidan lanac koji ga nije začudio, u kojem je bilo nekakve nužnosti i predvidljivosti, treba da pređe ulicu i stane licem u lice, da joj kaže ko je, i ona će ga iznenađeno pogledati ne prepoznavši ga, i odjednom da, iznenada će mu se nasmešiti i pružiti mu ruku, istinski mu stegnuti ruku dok mu se i dalje smeši.

– Neverovatno – reče Sara. – Kako da te prepoznam posle toliko godina.

– Vi teško, razume se – reče Anibal. – Ali vidite, ja sam vas odmah prepoznao.

– Logično – reče Sara logično. – Pa ti još ni dugačke pantalone nisi nosio. I ja sam se sigurno prilično promenila, ali je stvar u tome što ti bolje razlikuješ fizionomije.

Premišljao se malo dok nije shvatio da je stvarno glupavo da joj i dalje govori vi.

– Ne, nisi se promenila, čak ni kosa. Ista si.

– Fizionomije razlikuješ, ali si kratkovid – reče ona svojim starim glasom u kojem su se splitali dobrota i podsmeh.

Sunce im je bilo u oči, nije se moglo razgovarati pored saobraćaja i gomile sveta. Sara reče da joj se ne žuri i da bi joj prijalo da popije kafu. Popušiše prvu cigaretu, onu za uopštena pitanja i okolišanja, Doro je učitelj u Adrogeu, mama je umrla kao ptičica dok je čitala novine, on se udružio sa nekim inženjerima, dobro im ide, mada kriza, razume se. Kod druge cigarete Anibal izgovori pitanje koje mu je prljilo usne.

– A tvoj muž?

Sara izduva dim kroz nos, polako ga pogleda u oči.

– Pije – reče.

Nije to rekla ni sa gorčinom ni sa žaljenjem, već kao najobičnije obaveštenje, i onda ponovo Sara u Banfildu pre svega ovoga, pre daljine i zaborava i sna od prethodne noći, baš kao u Dorovom dvorištu dok pristaje na drugi viski, kao i uvek skoro bez reči, puštajući njega da nastavi da joj priča, jer je on imao mnogo više da ispriča, godine su bile tako pune događaja za njega, ona kao da nije mnogo proživela, a nije ni vredno truda reći zašto. Možda zbog onoga što mu je upravo kazala u jednoj jedinoj reči.

Nikako se ne može znati u kom je trenutku sve postalo jednostavno, igra pitanja i odgovora, Anibal je pružio ruku preko stola i Sarina ruka nije uzmakla pred njenom težinom, ostala je mirna i on je oborio glavu jer nije mogao da je pogleda u lice dok joj je mucajući govorio o dvorištu, o Doru, pričao joj o noćima u sobi, o toplomeru, o plakanju na jastuku. Govorio joj je ravnim, jedničnim glasom, gomilajući trenutke i zgode ali sve je bilo isto, toliko sam se bio zaljubio u tebe, toliko sam se zaljubio a nisam mogao da ti kažem, dolazila si noću i pazila na mene, bila si mlada majka kakvu nisam imao, merila si mi temperaturu i milovala me da bih zaspao, davala si nam belu kafu u dvorištu, sećaš li se, grdila si nas kad smo pravili gluposti, želeo sam da mi govoriš o mnogim stvarima ali ti si me gledala s tolike visine, osmehivala mi se iz takve daljine, postojalo je ogromno staklo između nas i ti nisi mogla da učiniš ništa da ga razbiješ, zato sam te zvao noću i ti si dolazila da paziš na mene, da budeš sa mnom, da me voliš kao što sam ja tebe voleo, milovala si me po glavi, činila sa mnom ono što si činila sa Dorom, sve što si uvek činila Doru, ali ja nisam bio Doro, i samo jedanput, Sara, samo onaj jedan jedini put i bilo je jezivo i to nikada neću zaboraviti jer sam želeo da umrem a nisam mogao ili nisam umeo, razume se da nisam hteo da umrem ali to je bila ljubav, hteo sam da umrem jer si me ti videla celog celcatog kao neko dete, ušla si u kupatilo i pogledala me, mene koji sam te voleo, pogledala si me kao što si uvek gledala Dora, ti već verenica, trebalo je da se udaš, a ja tamo, dodaješ mi sapun i naređuješ mi da operem uši, gledala si me golog kao neko dete a to sam i bio, uopšte ti nisam bio važan, u stvari me uopšte nisi ni videla jer si gledala samo dečkića i onda otišla kao da me nisi ni videla, kao da nisam ni bio tu, ne znajući kud da se denem dok si me gledala.

– Veoma se dobro sećam – reče Sara. – Sećam se isto tako dobro kao i ti, Anibale.

– Da, ali nije to isto.

– Ko zna da li nije isto. Tada nisi mogao da primetiš, ali sam ja osećala da me voliš na taj način i da zbog toga patiš, i zato se nisam smela ponašati prema tebi drugačije nego prema Doru. Bio si dečak, ali mi je ponekad bilo tako žao što si dečak, izgledalo mi je kao nepravda, tako nešto. Da si bio pet godina stariji... Reći ću ti zato što sada mogu i zato što imaš pravo da znaš, onog popodneva sam namerno ušla u kupatilo, uopšte nije bilo potrebe da ulazim i da gledam da li se kupate, ušla sam zato što je to bio način da se sve završi, da se izlečiš od sna, da shvatiš da ti mene nikada ne bi mogao tako da gledaš, dok sam ja imala prava da te zagledam sa svih strana, kao što se zagleda neko dete. Zato, Anibale, da se već jednom izlečiš i da prestaneš da me gledaš onako kako si me gledao, misleći da ja to ne znam. A sad hoću još jedan viski, sad kad smo oboje odrasli.

Od predvečerja do kasno u noć, putevima reči koje su odlazile i vraćale se, ruku koje su se susrele na trenutak iznad stola pre nego što je nastupio smeh i nove cigarete, trebalo bi uzeti taksi, naći neko mesto koje on ili ona zna, neku sobu, sve kao stopljeno u jednu trenutnu sliku koja se rastvara u belini čaršava i odmah zatim silovito grčenje tela u beskonačnom susretu, u predasima iskidanim i ponovljenim i prisiljenim i sve manje verovatnim, u svakom novom povlačenju u sebe koje ih je rasipalo i spajalo i sagorevalo u potpunosti, do poslednjeg žara cigarete u zoru. Kada sam ugasio lampu na pisaćem stolu i pogledao u dno prazne čaše sve je još uvek bilo čisto poricanje u devet uveče, umor po povratku sa još jednog radnog dana. Čemu i dalje pisati kada reči već čitav sat klize preko tog poricanja, razvlače se po papiru kao ono što uistinu jesu, puke šare bez ikakvog oslonca? Do određenog trenutka tekle su opkoračujući stvarnost, punile se suncem i letom, reči dvorište u Banfildu, reči Doro i igranje i jarak, bučna košnica vernog pamćenja. Samo što je, stigavši do vremena koje više nije bilo Sara ni Banfild, prepričavanje postalo svakodnevno, obično, koristoljubiva sadašnjost bez uspomena i snova, sam život, ni manje ni više. Želeo sam da nastavim i da reči takođe pristanu da nastave sve dok ne stignu do današnjice naše nasušne, do bilo kog tromog dana tokom studija građevine, ali tada sam se setio sna od prethodne noći, tog sna ponovo o Sari, Sarinog povratka iz ogromne daljine i davnine, nisam mogao da ostanem u ovoj sadašnjosti u kojoj bih još jednom popodne izašao iz ateljea i otišao na pivo u kafanu na uglu, reči su iznova postale pune života iako su lagale, iako ništa nije bilo istina nastavio sam da ih zapisujem jer su govorile o Sari, o Sari kako nailazi ulicom, tako je lepo nastaviti makar bilo i besmisleno, napisati da sam prešao ulicu rečima koje će me odvesti u susret Sari i pustiti je da me prepozna, to je jedini način da se najzad sastanem s njom i da joj kažem istinu, da doprem do njene ruke i da je poljubim, da slušam njen glas i gledam kako joj kosa poskakuje na plećima, da krenem sa njom u susret noći koju će reči postepeno puniti čaršavima i milovanjima, ali kako da nastavim, kako od te noći da počnem nov život sa Sarom kad pored sebe čujem Felisin glas, ona ulazi sa decom da mi kaže kako je večera gotova, treba odmah da jedemo jer je već kasno a deca hoće da gledaju Paju Patka na televiziji u deset i dvadeset.

NOĆNE MORE

Čekamo, govorili su svi, moramo da čekamo jer se u ovakvim slučajevima nikad ne zna, i doktor Rajmondi isto, moramo da čekamo, ponekad dođe do reakcije, pogotovu u Mećinim godinama, moramo da čekamo, gospodine Boto, jeste, doktore, ali već je prošlo dve nedelje a ona se ne budi, dve nedelje kao mrtva, doktore, znam, gospođo Lujza, to je klasična koma, ostaje nam samo da čekamo. I Lauro je čekao, kad god bi se vratio s fakulteta zastao bi za trenutak na ulici pre nego što otvori vrata, pomislio bi, danas će, danas ću je zateći budnu, sigurno je otvorila oči i razgovara sa mamom, ne može toliko da traje, ne može da umre sa dvadeset godina, sigurno sedi u krevetu i razgovara sa mamom, ali se i dalje moralo čekati, stalno isto, sinko, doktor će večeras ponovo svratiti, svi kažu da ne može da se učini ništa. Hajde da nešto prezalogajimo, prijatelju, majka će ostati pored Meće, vi morate da jedete, ne zaboravite na ispite, usput ćemo da pogledamo vesti. Ali sve je usput tamo gde je jedino trajno i nepromenljivo, jedino iz dana u dan potpuno isto bila Meća, težina Mećinog tela u krevetu, Meća mršava i laka, rok-igračica i teniserka, izmučena, mučeći sve ostale već nedeljama, kompleksan virusni proces, komatozno stanje, gospodine Boto, predviđanja su nemoguća, gospođo Lujza, samo možemo da je održavamo u životu i da joj pružimo svaku priliku, u tim godinama nađe se toliko snage, toliko želje za životom. Ali ona ne može da pomogne, doktore, ništa ne shvata, sva je, Bože me prosti, više ne znam ni šta pričam.

Ni Lauro nije sasvim verovao, kao da se Meća opet šalila, a ona je uvek zbijala najgore šale, prerušavala se u duha na stepeništu, sakrivala mu pernicu iza kreveta, oboje su se toliko smejali, smišljali ludorije, igrali se kao da su još deca. Kompleksan virusni proces, odjednom kratak spoj, jedne večeri posle groznice i bolova iznenada muk, pepeljastosiva put, disanje jedva primetno i mirno. Samo disanje mirno a naokolo lekari i sprave i analize i savetovanja sve dok polako Mećina glupa šala nije postala jača, postepeno ovladala svima, gospa Lujzini očajnički jauci se potom povukoše u skoro prikriven plač, u teskobu u kuhinji i kupatilu, očeve kletve podeljene na pre vesti i posle vesti a između njih letimičnog pogleda na novine, Laurov sumnjičavi bes prekidan odlascima na fakultet, časovima, sastancima, dašak nade pri svakom povratku iz centra, platićeš mi, Meća, takve stvari se ne rade, nesrećnice, skupo ćeš mi platiti, videćeš ti svoga boga. Samo ona mirna, osim bolničarke koja plete, psa su poslali nekom stricu, doktor Rajmondi više nije dolazio sa kolegama, navraćao je predveče i skoro da se nije zadržavao, kao da je i on osećao težinu Mećinog tela koje ih je svakim danom sve više pritiskalo, navikavalo ih na čekanje, na jedino što su mogli da rade.

Mòra je počela one iste večeri kada gospa Lujza nije mogla da pronađe toplomer, pa je bolničarka iznenađeno otišla da kupi novi u apoteci na uglu. Pričala je o tome, jer toplomer ne može tek tako da se izgubi kada ga koriste triput dnevno, navikavaju se da pored Mećine postelje govore glasno, u početku su samo šaputali ali to nije imalo smisla jer Meća nije mogla da ih čuje, doktor Rajmondi bio je uveren da u komatoznom stanju ne može da oseti ništa, mogli su da kažu bilo šta a da se ravnodušan izraz na Mećinom licu nimalo ne promeni. Još su pričali o toplomeru kad se začuše pucnji na uglu, možda nešto dalje, iz pravca Gaone. Zgledaše se, bolničarka sleže ramenima jer pucnjava nije bila ništa novo u tom kraju niti bilo gde, i gospođa Lujza zausti da joj nešto kaže o toplomeru kada videše kako Mećine ruke podrhtavaju. To je trajalo samo časak ali su obe primetile, gospa Lujza kriknu a bolničarka joj zapuši usta, gospodin Boto došao je iz dnevne sobe i sve troje videše kako drhtavica ponovo trese čitavo Mećino telo, hitra zmija skliznula je od grla do stopala, oči se pokrenule ispod kapaka, jedva primetan grč iskrivio crte lica, kao želja da progovori, da se požali, brži puls, lagano vraćanje u nepomičnost. Telefon, Rajmondi, u suštini ništa novo, možda malo više nade premda Rajmondi to nije hteo da kaže, sveta majko Božija, neka to bude stvarno, nek se probudi moja ćerka, neka bude kraj ovom mučenju, Bože moj. Ali nije bilo kraja, sat kasnije ponovo, pa sve češće, kao da je Meća sanjala a san joj bio mučan i pun očaja, mòra se stalno vraćala a ona je se nije mogla otarasiti, možemo da budemo u blizini i da je gledamo i da joj pričamo a da spolja nikako ne možemo da dopremo do nje, obuzima je ono drugo, što se nekako nastavlja na beskrajnu mòru svih koji su tu a ne mogu s njom da stupe u vezu, spasi je, Bože moj, nemoj je ostaviti ovako, Lauro se vratio sa nekog predavanja pa i on ostao kraj postelje, ruku spustio na rame majci koja se molila.

Tokom noći su je ponovo pregledali, doneli su nov aparat sa kupicama i elektrodama koje su se pričvršćivale za glavu i noge, dva lekara, Rajmondijeva prijatelja, dugo su raspravljali u dnevnoj sobi, i dalje moramo da čekamo, gospodine Boto, slika se nije promenila, bilo bi nepromišljeno očekivati znake poboljšanja. Ali ona sanja, doktore, muče je mòre, i sami ste videli, ponovo će početi, ona nešto oseća i toliko pati, doktore. Sve je to vegetativno, gospođo Lujza, nije ona svesna, uveravam vas, moramo da čekamo i da se ne uzbuđujemo zbog ovoga, vaša kći ne pati, znam da je teško, bolje je ostavite samu sa bolničarkom dok ne dođe do promene, pokušajte da se odmorite, gospođo, uzmite tablete koje sam vam dao.

Lauro je bdeo uz Meću do ponoći, povremeno čitajući beleške za ispite. Kad su se začule sirene on pomisli, trebalo je da pozove broj koji mu je dao Lusero, ali to nije smeo da učini od kuće, a nije baš bilo pametno da izlazi na ulicu odmah posle sirena. Gledao je kako se polako pomeraju prsti na Mećinoj levoj ruci, oči ponovo kao da su kružile ispod kapaka. Bolničarka ga posavetova da izađe iz sobe, ništa se tu nije moglo, samo treba da se čeka. „Ali ona sanja", reče Lauro, „ponovo sanja, pogledajte je." To je trajalo koliko i sirene tamo napolju, ruke kao da su nešto tražile, prsti pokušavali da pronađu oslonac na čaršavu. Sada je gospa Lujza opet bila tu, nije mogla da spava. Zašto – bolničarka će na to, skoro ljutito – nije uzela tablete doktora Rajmondija? „Ne mogu da ih nađem", reče gospa Lujza kao izgubljena, „bile su na noćnom stočiću ali ne mogu da ih nađem." Bolničarka ode da ih potraži, Lauro i njegova majka se zgledaše, Meća je malkice mrdnula prstima i oni naslutiše da je mora i dalje muči, da se beskrajno produžava kao da ne želi da dođe do tačke u kojoj bi je neka vrsta samilosti, konačnog sažaljenja, probudila onako kako to već biva i konačno spasla od groze. Ali ona je i dalje sanjala, svakog časa prsti će ponovo početi da se miču. „Nigde ih ne vidim, gospođo", reče bolničarka. „Svi smo kao izgubljeni, čovek više ne zna kud li se devaju stvari u ovoj kući."

Lauro se vratio kasno iduće noći, gospodin Boto ga je pitao nešto neodređeno ne prestajući da gleda televiziju na kojoj je upravo bio komentar Kupa. „Sastanak sa prijateljima", reče Lauro tražeći od čega da napravi sendvič. „Ovaj gol je divota jedna", reče gospodin Boto, „dobro je što ponovo prikazuju utakmicu, da čovek lepo može da vidi ovu majstorsku igru." Laura izgleda nisu zanimali golovi, jeo je i zurio u pod. „Valjda znaš šta radiš, mladiću", reče gospodin Boto ne skidajući pogled sa lopte, „ali pazi se." Lauro podiže glavu i pogleda ga skoro začuđeno, prvi put je njegov otac sebi dozvolio da pomene neku tako ličnu stvar. „Neće biti problema, stari", reče mu ustajući kako bi prekinuo svaki razgovor.

Bolničarka je prigušila svetlo na stočiću i Meća se jedva nazirala. Na sofi, gospa Lujza spusti ruke s lica i Lauro je poljubi u čelo.

– Još uvek isto – reče gospa Lujza. – Stalno joj je ovako, sine. Gledaj, gledaj kako joj drhte usne, jadnica, šta li vidi, Bože moj, kako je moguće da to traje pa traje, to...

– Mama.

– Ali to ne može tako, Lauro, niko to ne vidi kao ja, niko ne razume da ona sve vreme ima more i da se ne budi...

– Ja znam, mama, i ja vidim. Kad bi nešto moglo da se učini, Rajmondi bi to učinio. Ne možeš ništa da pomogneš ako ostaneš ovde, moraš na spavanje, uzmi tablete i na spavanje.

Pomože joj da ustane i otprati je do vrata. „Šta je to bilo, Lauro?" zastade ona iznenada. „Ništa, mama, pucaju negde daleko, znaš već." Ali šta je u stvari znala gospa Lujza, zašto bi joj išta više rekao. Sad je vreme, već je kasno, kada je ostavi u spavaćoj sobi moraće da siđe do radnje i odande pozove Lusera.

Nije našao plavu vetrovku koju je uveče voleo da nosi, tražio je po ormarima u predsoblju za slučaj da ju je majka tamo okačila, najposle obuče prvi sako koji mu dođe pod ruku jer je napolju bilo sveže. Pre nego što je izašao ušao je na tren u Mećinu sobu, nije uspeo ni da je nazre u pomrčini a već je osetio moru, drhtanje ruku, potajnu stanovnicu što gmiže pod kožom. Napolju ponovo sirene, trebalo bi da sačeka sa izlaskom ali bi se onda radnja zatvorila pa ne bi mogao da telefonira. Mećine su oči pod kapcima titrale kao u pokušaju da sebi prokrče put do njega, da ga pogledaju, da se uprave ka njemu. Samo jednim prstom joj pomilova čelo, plašio se tog dodira, bilo kakvog spoljašnjeg podstreka kojim bi doprineo njenoj mòri. Oči su i dalje kolutale u dupljama i Lauro se udalji, nije znao zašto ali se sve više plašio, pomisao da bi Meća mogla da digne kapke i da ga pogleda naterala ga je da se povuče. Da je otac otišao na spavanje mogao je da zove iz dnevne sobe i da govori tiho, ali gospodin Boto je i dalje slušao komentar utakmice. „Da, o tome mnogo govore", pomisli Lauro. Ustaće rano da telefonira Luseru pre nego što ode na fakultet. Poizdalje vide bolničarku kako izlazi iz svoje sobe noseći nešto blistavo, neki špric ili kašiku.

Čak se i vreme mešalo ili gubilo u tom neprestanom čekanju, probdevene noći ili prespavani dani kao nadoknada, rođaci i prijatelji samo su se smenjivali u nameri da razonode gospa Lujzu ili da igraju domine sa gospodinom Botom, nova bolničarka jer je ona prva morala na nedelju dana u Buenos Ajres, šoljice za kafu niko nije uspevao da nađe jer su bile rasturene po svim sobama, Lauro ih je obilazio kad god bi našao vremena pa zatim odlazio, Rajmondi više nije zvonio na vrata pre nego što uđe da obavi svoj uobičajeni posao, ne primećuje se nikakva promena, gospodine Boto, to je proces u kojem joj možemo pomoći samo time što ćemo je održavati u životu, pojačavam joj ishranu kroz sondu, sačekajmo. Ali ona sve vreme sanja, doktore, pogledajte je, pa ona se uopšte ne odmara. Nije tako, gospođo Lujza, vi mislite da ona sanja ali to su fizičke reakcije, kako da vam objasnim, u takvim slučajevima utiču različiti činioci, ta nemojte misliti da je ona svesna ovoga što nama liči na san, njena vitalnost i refleksi su možda dobar znak, verujte, pažljivo pratim njeno stanje, vi morate da se odmorite, gospođo Lujza, dajte da vam izmerim pritisak.

Lauru je sve teže padalo vraćanje kući, sva ta putovanja iz centra i događaji na fakultetu, pojavio bi se u bilo koje doba i ostao samo trenutak, više zbog majke nego zbog Meće, video bi da je sve po starom, proćaskao sa roditeljima, smišljao teme za razgovor da im malo skrene misli sa mučnih stvari. Kad god bi prišao Mećinoj postelji javio bi mu se isti osećaj nemogućnosti da uspostavi vezu, Meća tako blizu i kao da ga zove, nejasni znaci prstima i pogled iznutra, pokušaj da izađe, nešto što se produžavalo u nedogled, poruka sužnja kroz bedeme kože, njeno nepodnošljivo i uzaludno dozivanje. Na trenutak bi se izbezumio, ubeđen da ga Meća prepoznaje bolje nego majku i bolničarku, mòra dostiže najgori momenat kada je on tu i gleda je, bolje da odmah ode jer se tu ništa ne može, ništa ne vredi govoriti joj, glupačo, draga moja, prestani da zezaš, hoćeš li, otvori već jednom oči i ostavi se tog jeftinog štosa. Meća, ludice, sestrice, sestrice, dokle ćeš da nas vučeš za nos, ludačo blesava, blesavice, pusti k vragu tu komediju i dođi, imam toliko da ti pričam, sestrice moja, pojma ti nemaš šta se dešava ali ću ipak da ti pričam, Meća, zato što ništa ne razumeš sve ću da ti ispričam. Sve te misli dolazile su kao naleti straha, ili želje da snažno zagrli Meću, nikad naglas, jer pored bolničarke i gospa Lujze Meća nikad nije bila sama, a on eto oseća potrebu da joj priča toliko mnogo, kao što je i Meća njemu pričala, nema sumnje, kroz zatvorene oči i prste što uzalud crtaju slova po čaršavu.

Bio je četvrtak, nije da su znali kad je koji dan niti vodili brigu o tome, nego je bolničarka pomenula dok su pili kafu u kuhinji, gospodin Boto se setio da ima specijalno izdanje vesti a gospa Lujza da je njena sestra iz Rosarija javila da će doći u četvrtak ili petak. Lauru su sigurno već počeli ispiti, izašao je u osam bez pozdrava, ostavio je ceduljicu u dnevnoj sobi, nije siguran da će se vratiti na večeru, neka ga ne čekaju uzalud. Nije došao na večeru, bolničarka je konačno uspela da privoli gospa Lujzu da rano ode na počinak, gospodin Boto je posle kviza izašao na prozor u dnevnoj sobi, čuli su se mitraljeski rafali negde kod Irskog trga, odjednom mir, takoreći preteran mir, nigde nijedne patrole, bolje da pođe na spavanje, ona žena što je odgovorila na sva pitanja u kvizu u deset pravo je čudo, šta sve zna iz antičke istorije, rekao bi čovek da je živela u vreme Julija Cezara, na kraju krajeva, kulturom čovek može da stekne više novaca nego ako radi na javnim licitacijama. Niko nije primetio da se vrata nisu otvarala čitave noći, da se Lauro nije vraćao u svoju sobu, ujutro su mislili da se još odmara posle nekog ispita ili uči pre doručka, tek u deset shvatiše da ga nema. „Ne brini", reče gospodin Boto, „sigurno je ostao da nešto proslavi sa prijateljima." Gospa Lujzi je bilo vreme da pomogne bolničarki oko Mećinog kupanja i presvlačenja, mlaka voda i kolonjska vodica, ulošci i čaršavi, već je podne, a Lauro, ma nešto nije u redu, Eduardo, kako to da se bar ne javi, nikad to nije radio, kad su proslavljali kraj škole zvao je u devet, sećaš se, plašio se da ćemo brinuti a tada je bio još mlađi. „Mora da je dečko izludeo od ispita", reče gospodin Boto, „videćeš, sad će da stigne, uvek stigne na vesti u jedan." Ali Lauro nije došao u jedan, propustio je sportski pregled i izveštaj o novom subverzivnom napadu osujećenom blagovremenom intervencijom organa reda, ništa novo, temperatura u blagom padu, kiše u planinskim predelima.

Prošlo je sedam kada je bolničarka došla po gospa Lujzu koja je i dalje telefonirala poznanicima, gospodin Boto je čekao poziv nekog svog prijatelja komesara da vidi je li nešto saznao, svaki čas je molio gospa Lujzu da oslobodi liniju, ali je ona i dalje kopala po imeniku i zvala poznanike, sigurno je Lauro ostao kod čika Fernanda ili se vratio na fakultet zbog drugog ispita. „Ostavi taj telefon na miru, molim te", još jednom će gospodin Boto, „zar ne shvataš da dečko možda baš sad zove a stalno je zauzeto, šta hoćeš da uradi iz javne govornice, kad nisu polomljene, treba da se puste drugi koji takođe čekaju na red." Bolničarka je bila uporna i gospa Lujza je otišla da vidi Meću, ona je odjednom počela da maše glavom, okretala ju je čas na jednu, čas na drugu stranu, treba joj očešljati kosu koja joj pada na čelo. Zovite odmah doktora Rajmondija, nije ga lako naći predveče ali je u devet njegova žena zvala da kaže kako će odmah stići. „Teško će da se probije", reče bolničarka koja se upravo vratila iz apoteke sa kutijom injekcija, „zatvorili su ceo kraj, vrag bi ga znao zašto, slušajte samo sirene." Gospa Lujza se malo odmače od Meće koja je i dalje mahala glavom polako i uporno odričući, pa pozva gospodina Bota, ne, niko ništa ne zna, biće da ni dečko nije mogao da prođe ali će Rajmondija da puste zbog lekarske legitimacije.

– Nije o tome reč, Eduardo, nije to, sigurno mu se nešto desilo, do ovog doba bismo već nešto saznali, Lauro uvek...

– Gledaj, Lujza – reče gospodin Boto – pogledaj kako se pomera, šaka i cela ruka, prvi put pomera celu ruku, Lujza, možda...

– Ah, sad joj je još gore nego malopre, Eduardo, zar ne vidiš da je još u bunilu, kao da se brani od... Učinite nešto s njom, Rosa, nemojte da je pustite ovako, zvaću Romerove, možda oni imaju nekakvih vesti, njihova ćerka studira sa Laurom, molim vas, dajte joj injekciju, Rosa, odmah se vraćam, ili bolje zovi ti, Eduardo, pitaj ih, hajde odmah.

U dnevnoj sobi gospodin Boto poče da okreće brojčanik, pa stade i spusti slušalicu. Sto posto Lauro samo što nije, šta bi Romerovi mogli da znaju o Lauru, bolje da još pričekamo. Rajmondi nikako da stigne, sigurno su ga zadržali na uglu, mora sve da objašnjava, Rosa nije mogla Meći da da novu injekciju, to je previše jako umirujuće sredstvo, bolje da sačekamo doktora. Nagnuta nad Mećom, dok joj je sklanjala kosu koja joj je padala na beskorisne oči, gospa Lujza se povede, Rosa je imala tek toliko vremena da joj podmesti stolicu i pomogne joj da se spusti kao neki mrtav teret. Sirena je zavijala sve jače približavajući se iz pravca Gaone kada je Meća otvorila kapke, oči prekrivene koprenom koja se nedeljama taložila upreše se u jednu tačku na tavanici, polako skrenuše ka gospa Lujzi koja je kukala, kršila ruke na grudima i kukala. Rosa se trudila da je skloni, očajnički dozivajući gospodina Bota koji je sad stigao i stao kao ukopan udno kreveta gledajući Meću, Mećine oči koje su polako prelazile sa gospa Lujze na gospodina Bota, sa bolničarke na tavanicu, Mećine šake su se polako penjale do struka, kliznule i spojile se gore, telo se treslo u grču jer su možda njene uši sada čule mnoštvo sirena, udarce na vratima od kojih se tresla kuća, izvikivanje naredbi i škripu drveta koje se lomi u paramparčad posle mitraljeskog rafala, gospa Lujzino zapomaganje, nalet gomile telesa, sve to baš kao na vreme da probudi Meću, sve to baš kao na vreme da prekine onu mòru i najzad pusti Meću da se vrati u stvarnost, u ovaj lepi život.

DNEVNIK O JEDNOJ PRIČI

2. februar 1982.

Ponekad kada pričam priče počnu da me podilaze kao nekakvi žmarci, kao neko tajanstveno a rastuće, gundavo lagano premeštanje što me primiče mojoj *Olympia Traveller de Luxe*
 (na jadnici nema ničega *de luxe*, ali je zato travelovala preko sedam gora, preko sedam mora, prenoseći svaki mogući posredni ili neposredni udarac koji može da zadesi terensku pisaću mašinu stešnjenu u koferu među pantalonama, bocama s rumom i knjigama) tako ponekad, kad padne noć i kada uvučem u mašinu beo list hartije, ja pripalim žitan i kažem sebi da sam glup
(što da pišem priču, na kraju krajeva, što lepo ne bih otvorio knjigu nekog drugog pripovedača ili slušao neku ploču?)
ali ponekad, kad mi ne ostane ništa drugo nego da započnem priču kao što bih želeo da počnem ovu, baš tada poželim da sam Adolfo Bjoj Kasares.

Voleo bih da sam Bjoj jer sam mu se uvek divio kao piscu i kao čoveku, iako nam naša obostrana stidljivost nije pomagala da se sprijateljimo, mada je tu bilo i drugih ozbiljnih razloga, između ostalog jedan okean koji se rano i doslovno rasprostro između nas. Kad sve brižljivo sračunam, izlazi da smo se Bjoj i ja sreli svega tri puta u životu. Prvi put na banketu Argentinske komore za knjigu, kojem sam ja morao prisustvovati jer sam četrdesctih godina bio upravnik tog društva, a šta je on tamo tražio đavo će ga znati, dakle, tokom pomenutog banketa upoznali smo se preko jedne gomile raviola, blagonaklono se nasmešili jedan drugom, i naš razgovor se sveo na to što me je u jednom trenutku on zamolio da mu dodam slanik. Drugi put, u Parizu, Bjoj je došao mojoj kući i fotografisao me a da ni sad ne znam zašto, ali dobro znam da smo proveli lepe trenutke u razgovoru o Konradu, čini mi se. Poslednji susret bio je simetričan i odigrao se u Buenos Ajresu, ja sam išao kod njega na večeru i te noći smo najviše razgovarali o vampirima. Naravno da nijednom nismo pomenuli Anabelu, ali nije to razlog zašto bih sada želeo da sam Bjoj, nego zato što bih toliko voleo kada bih o Anabeli mogao da pišem kao što bi on to učinio kada bi je poznavao i kada bi o njoj pisao priču. U tom slučaju Bjoj bi govorio o Anabeli onako kako ja to neću biti kadar, pokazao bi je izbliza i iznutra, a istovremeno bi se odlučio (ne mogu da zamislim da to nije odluka) da sačuva odstojanje, da stvori opuštenost između likova i pripovedača. Ja to neću moći, ne zato što sam poznavao Anabelu, jer i kada izmišljam likove ja ne uspevam da se od njih udaljim iako mi se to ponekad čini isto onako neophodno kao što slikar mora da se odmakne od štafelaja kako bi lakše pogledom obuhvatio celinu slike i znao gde da povuče poslednji potez. Ne bih mogao, jer osećam da bi me Anabela saletela još sa vrata, kao onda kada sam je upoznao u Buenos Ajresu krajem četrdesetih godina, i premda ona ne bi umela da zamisli ovu priču – ako je živa, ako se još uvek onuda muva, stara koliko i ja – svejedno će učiniti što god treba ne bi li me sprečila da napišem priču po svom ukusu, hoću da kažem, pomalo onako kako bi znao da je napiše Bjoj da je poznavao Anabelu.

3. februar 1982.

Da li su zato ove beleške nejasne, da li zato obigravam kao mačak oko vruće kaše? Kad bi Bjoj mogao da ih pročita sjajno bi se zabavio, i tek koliko da me razljuti, u ciglo jednom književnom navodu spojio bi sve što se tiče vremenâ, mestâ i imenâ koja, po njegovom mišljenju, opravdavaju ovu priču. I tako bi on, na savršenom engleskom,

> It was many and many years ago,
> In a kingdom by the sea,
> That a maiden there lived whom you may know
> By the name of Annabel Lee[1].

– Dobro – rekao bih ja – pođimo od toga da je u ono vreme bila republika, a ne kraljevstvo, a osim toga, Anabela je svoje ime pisala samo sa jednim „n", ne računajući da *many and many years ago* nije više *maiden*, ne krivicom Edgara Alana Poa, nego nekakvog trgovačkog putnika iz Trenke Laukena koji ju je deflorisao u trinaestoj godini. Da ne pominjemo da joj je prezime bilo Flores, a ne Li, i da bi ona kazala oduzeti nevinost, a ne onu reč o kojoj sigurno ni pojma nije imala.

4. februar 1982.

Čudno, juče nisam mogao da nastavim sa pisanjem (mislim na priču o trgovačkom putniku) možda iz ovog razloga: baš kada sam došao u iskušenje da to učinim, odnekud iskrsnu Anabela, način na koji mi je ona pričala. Kako znam da govoriti o Anabeli ne podražavajući je, odnosno ne krivotvoreći je nema svrhe, ako se u to upustim moraću da se podvrgnem njenom zakonu, znam, a nedostaje mi dobar rad nogu i Bjojev osećaj za odstojanje kako bih se održao na dovoljnoj udaljenosti i skupljao poene ne otkrivajući se preterano. Zato se poigravam mišlju da napišem sve ono što nije istinska pri-

---

[1] U carstvu jednom pre mnogo leta,
Tamo gde more sne svoje sni,
Življaše deva zanosna cveta,
Ime joj beše Anabel Li.
(Prevod Stanislava Vinavera. *Prim. prev.*)

ča (da napišem ono što ne bi bila Anabela, dabome) pa se zato razmećem Poom i majem se oko koječega, sad mi se prohtelo da prevedem odlomak koji sam sinoć našao u *La vérité en peinture* Žaka Deride, koji nema savršeno nikakve veze sa svim ovim ali se svejedno uklapa po nekoj neobjašnjivoj analoškoj vezi, kao ono poludrago kamenje čije površine otkrivaju prepoznatljive pejzaže, poznate zamkove, ili gradove, ili planine. Ovaj odlomak nije baš jednostavno razumeti, kako je *chez Derrida* to već običaj, pa prevodim onako kako znam i umem (ali i on isto tako piše, samo što on zna i ume bolje):

„ne ostaje (mi) gotovo ništa, ni stvar, ni njeno postojanje, niti moje, ni čist objekat ni čist subjekat, nikakvo zanimanje ni za šta. A ipak volim: ne, i to je suviše, to još uvek nesumnjivo znači zanimanje za postojanje. Ne volim, ali uživam u onome što me ne zanima, barem u onome za šta je svejedno volim li ga ili ne volim. Zadovoljstvo koje nalazim, ne nalazim, radije bih ga uzvratio, vraćam ono što nalazim, primam ono što uzvraćam, ne prihvatam ono što primam. A ipak ga sam sebi pružam. Mogu li reći da sâm sebi pružam? Ono je tako univerzalno objektivno – kako to zahteva moje rasuđivanje i zdrav razum – da može doći samo iz čiste spoljašnjosti. Nepripojivo. U krajnjem slučaju, zadovoljstvo koje sebi pružam, ili tačnije, kojem se prepuštam, putem kojega se prepuštam, ne mogu čak ni iskusiti, ako iskusiti znači osetiti: pojavno, iskustveno, u prostoru i u vremenu moga zainteresovanoga ili interesantnoga postojanja. Zadovoljstvo koje je moguće iskusiti. Ne nalazim ga, ne prihvatam ga, ne uzvraćam ga, ne pružam ga, ne pružam ga sebi nikad jer *ja* (ja, postojeći subjekat) nikada nemam pristupa lepom kao takvom. Ne znam za čisto uživanje dokle god postojim."

Derida govori o nekome ko se suočava sa nečim što mu se čini lepo, i otuda sve ovo; ja se suočavam sa ovim ništa koje predstavlja nenapisana priča, sa praznim mestom priče, sa rupom na čije mesto treba da dođe priča, u koju treba da se smesti priča, i na neki meni nerazumljiv način osećam da je to Anabela, hoću da kažem, Anabela postoji iako priča ne postoji. I zadovoljstvo leži u tome, premda nije zadovoljstvo i liči na neku neutaživu žeđ, na želju da se odreknem svakog pisanja dok pišem (između svega ostalog, zato što nisam Bjoj i nikada neću uspeti da o Anabeli govorim onako kako mislim da bi trebalo.)

Tokom noći

Ponovo čitam odlomak iz Deride, ustanovljavam da nema nikakve veze sa mojim raspoloženjem, pa čak ni sa mojim namerama; analogije ima, ali na drugi način, i kao da stoji između poimanja lepote kakvo predlaže ovaj odlomak i mojeg osećanja za Anabelu; u oba slučaja odbačena je svaka mogućnost zbližavanja, svaki most, te ako onaj ko govori u tom Deridinom odlomku nikada nije imao pristupa lepom kao takvom, ja koji govorim u svoje ime (takvu grešku Bjoj nikada ne bi napravio) nosim u sebi bolno saznanje da nikada nisam imao niti ću imati pristupa Anabeli kao Anabeli, i da pisati sada priču o njoj, priču na neki način *njenu*, nije moguće. I tako na kraju analogije ponovo osećam njen početak, prve reči Deridinog odlomka koji sam sinoć čitao i koji mi je pao kao beznadežni produžetak onoga što sam osećao ovde, pred olimpijom, pred odsustvom priče, pred nostalgijom za delotvornošću jednog Bjoja. Na samom početku: „Ne ostaje (mi) gotovo ništa, ni stvar, ni njeno postojanje, niti moje, ni čist objekat ni čist subjekat, nikakvo zanimanje ni za šta." Isto očajničko suočavanje sa jednim ništa koje se razvija u čitav niz podništa, poricanja govora; jer danas, posle toliko godina, ne ostaje mi Anabela, ni Anabelino postojanje, ni moje postojanje vezano za njeno, ni Anabela kao čist objekat zanimanja, ni ja kao čist subjekat iz onog vremena pred Anabelom u sobi u ulici Rekonkista, nikakvo zanimanje ni za šta, pošto se sve to dogodilo *many and many years ago*, u jednoj zemlji koja je danas za mene sablast, ili sam ja za nju avet, u nekom vremenu koje je danas kao pepeo žitana koji se gomila iz dana u dan sve dok madam Peren ne dođe da mi počisti stan.

6. februar 1982.

Ova Anabelina fotografija ostavljena da mi pokaže gde sam stao sa čitanjem ništa manje nego jednog Onetijevog romana pojavila se pod pukim dejstvom zemljine teže prilikom nekakve selidbe pre dve godine; izvučem ja tako pune ruke starih knjiga sa police i vidim kako proviruje fotografija, uz malo muke prepoznam Anabelu.

Čini mi se da je dosta verna, premda me čudi njena frizura, kad je prvi put došla u moju kancelariju nosila je skupljenu kosu, tačno znam, kao što pamtim da sam tada bio u poslu do guše oko prevoda nekog industrijskog patenta. Od svih poslova koje sam u životu prihvatao a, bogami, morao sam da prihvatam sve što je bilo za prevođenje, najgori su bili patenti, trebalo je potrošiti sate i sate prebacujući iscrpno objašnjenje nekog usavršenja na električnoj šivaćoj mašini ili brodskim turbinama a ja, naravno, od tog objašnjenja ne bih razumeo ništa, kao ni skoro ništa iz tehničkog rečnika, tako da sam napredovao reč po reč, pazeći da ne preskočim neki red ali bez ikakve predstave o tome šta bi mogla biti hidrovibrantna heliokoidalna osovina koja magnetskim putem stavlja u pogon tenzore 1, 1' i 1" (crtež 14). Anabela je sigurno kucala na vrata a ja je nisam čuo, kad sam podigao glavu stajala je kraj pisaćeg stola i na njoj je najuočljivija bila tašna od šljašteće plastike i cipele koje nisu imale blage veze sa jedanaest sati pre podne radnim danom u Buenos Ajresu.

Tog popodneva

Pišem li priču ili se i dalje nižu pripreme, najverovatnije ni za šta? Prastaro je sve to, zamršeno klupko sa mnoštvom konaca, mogao bih povući bilo koji od njih a ne bih znao šta ću izvući; ovaj jutrošnji izgledao mi je nekako hronološki opravdan, Anabelina prva poseta. Pratiti ili ne pratiti ove niti: uzročno-posledični sled mi je dosadio, ali mi se ne sviđaju ni proizvoljni fleš-bekovi kakvi su uneli pometnju u bezbroj priča i filmova. Ako dođu sami od sebe, onda u redu; na kraju krajeva, ko stvarno zna šta je vreme; ali ja se nikada ne bih odlučio za njih kao plan rada. O Anabelinoj fotografiji trebalo je da govorim tek posle drugih stvari koje bi joj dale više smisla, iako je možda bilo razloga da se tako pojavi, kao i sada ova uspomena na papir koji sam jedne večeri našao prikačen za vrata kancelarije, tada smo se već dobro poznavali i mada je poruka mogla da mi nanese poslovne štete kod uvaženih klijenata, beskrajno sam se zabavljao dok sam čitao NEMA TE, NESREĆO, NAVRATIĆU VEČERAS (zapete dodajem ja i ne bi trebalo to da radim, ali vidiš šta ti je obrazovanje). Na kraju uopšte nije došla jer je predveče počinjala sa poslom o kojem nikada nisam stekao potpunu sliku ali koji je sve u svemu bio ono što novine zovu upražnjavanje bludnih radnji. To je upražnjavanje kod Anabele vrlo brzo menjalo oblik u vreme kad sam uspeo da steknem nekakvu predstavu o njenom životu, skoro da nije bilo nedelje a da mi ne dobaci, sutra se nećemo videti jer Feniksu treba šankerka na nedelju dana i dobro plaćaju, ili da mi između dva uzdaha i psovke ne kaže kako joj posao slabo ide pa će morati na nekoliko dana da se zavuče tamo kod Čempe da bi na kraju meseca mogla da plati sobu.

Ako ćemo pravo, zbilja ništa nije trajalo kod Anabele (kao ni kod drugih devojaka), čak ni prepiska sa mornarima, čim sam se malo uhodao u tom poslu uvideo sam da je prosek u skoro svim slučajevima dva do tri pisma, uz malo sreće četiri, i uverio se da se mornar brzo umarao ili zaboravljao na njih ili obrnuto, a osim toga, mojim prevodima mora da je nedostajala određena količina strasti ili sentimentalne ponesenosti, a ni mornari baš nisu bili, što se ono kaže, ljudi od pera, tako da se sve brzo završavalo. Kako samo loše objašnjavam sve ovo, i mene pisanje zamara, zamara me da huškam reči kao pse da traže Anabelu, na trenutke verujem da će mi je dovesti onakvu kakva je bila, onakve kakvi smo bili *many and many years ago*.

8. februar 1982.

Što je najgore od svega, mrzi me da ponovo čitam kako bih našao nit za koju da se uhvatim, a osim toga, ovo i nije priča, tako da je onda Anabela izjutra ušla u moju kancelariju u San Martinovoj ulici, skoro na uglu sa ulicom Korijentes, i više se sećam plastične tašne i cipela sa potpeticom od plute nego njenog lica toga dana (izvesno je da lice koje vidimo prvi put nema nikakve veze sa licem koje nas čeka u vremenu i navici). Radio sam za starim pisaćim stolom što sam ga godinu dana ranije nasledio zajedno sa svom starudijom u kancelariji koju još nisam imao volje da obnovim, bio sam stigao do jednog posebno zamršenog dela patenta, napredujući rečenicu po rečenicu, okružen tehničkim rečnicima i osećanjem da vučem za nos Marvala i O'Donela koji su mi plaćali za prevode. Anabelin ulazak bio je prevratnički događaj kao ulazak sijamske mačke u prostoriju sa računarima, reklo bi se da je ona to i znala jer me je skoro sažaljivo pogledala pre nego što je rekla kako joj je prijateljica Maruća dala moju adresu. Zamolih je da sedne i iz čiste uobraženosti nastavih da prevodim rečenicu u kojoj je nekakvo vitlo srednjeg kalibra sklapalo tajanstveni savez sa blindiranim antimagnetskim koritom x^2. Tada ona izvadi cigaretu od svetlog duvana a ja od crnog, i premda je bilo dovoljno Marućino ime da mi sve postane jasno, ipak je pustih da priča.

9. februar 1982.

Otpor građenju dijaloga koji bi bio više nekakva izmišljotina nego bilo šta drugo. Posebno se sećam Anabelinih klišea, načina na koji mi je govorila „mladiću" ili „gospodine" naizmenično, načina na koji bi kazala „ima jedna pretpostavka", ili procedila jedno „ah, kad bih vam samo pričala". I pušila je po klišeu, izdahnula bi sav dim odjednom skoro pre nego što bi ga i udahnula. Donela mi je pismo nekakvog Vilijama poslato mesec dana ranije iz Tampika, koje sam joj preveo naglas pre nego što sam ga zapisao, kako me je odmah potom zamolila. „Da ne zaboravim nešto", reče Anabela vadeći pet pezosa da mi plati. Rekoh joj neka, hvala, moj bivši ortak utvrdio je tu besmislenu tarifu u vreme kada je radio sam i kada je lučkim devojkama počeo da prevodi pisma njihovih mornara i da piše devojačke odgovore. Rekao sam mu: „Zašto im uzimate tako malo? Ili im naplatite više, ili nemojte naplaćivati, to ionako nije vaš posao, vi to radite zato što ste dobri." Objasnio mi je kako je već suviše star da se odupre želji da s vremena na vreme legne sa ponekom od njih, i zato je pristajao da im prevodi pisma kako bi ih imao pri ruci, ali ako im ne bi naplaćivao ovaj simboličan iznos, sve do jedne bi se pretvorile u gospođe De Sevinje, a o tome ne može biti ni govora. Potom je moj ortak napustio zemlju, ja sam nasledio radnju i iz lenosti zadržao isti obim poslovanja. Sve je išlo veoma dobro, Maruća i ostale (tada ih je bilo četiri) zaklele su mi se da neće odati lozinku nikom više, u proseku su dolazile po dve mesečno, sa pismom koje im je trebalo pročitati na španskom i pismom koje je trebalo napisati na engleskom (ređe na francuskom). Tada je Maruća očigledno zaboravila na zakletvu i, mašući svojom besmislenom šljaštećom plastičnom tašnom, ušla je Anabela.

10. februar 1982.

Eh, ta vremena: peronizam me zaglušuje megafonima iz centra, vratar Španac dolazi u moju kancelariju sa Evitinom fotografijom i ni najmanje ljubazno me moli da budem ljubazan i okačim je na zid (doneo je i četiri rajsnadle da ne bi bilo vrdanja). Volter Gizeking drži čitav niz sjajnih recitala u Pozorištu Kolon, a Hose Marija Gatika pada kao džak krompira na nekom ringu u Sjedinjenim Državama. U slobodno vreme prevodio sam *Život i prepisku Džona Kitsa* Lorda Hoftona. U još slobodnije vreme lepo sam se zabavljao u Fregati, skoro preko puta kancelarije, sa prijateljima advokatima koji su takođe voleli dobro umućenu demariju. Ponekad Suzana –

Nije mi baš lako da nastavim, uranjam u uspomene, a opet, hoću da im umaknem, da ih izbacim iz sebe pišući o njima (ali onda treba potpuno da ih prihvatim, i to je ono). Ne pada mi lako ni trud da stvorim priču od magle, od stvari koje su se otrcale od vremena (a kako je smešno tako jasno videti Anabelinu crnu tašnu, jasno čuti njeno „hvala, mladiću" kada sam joj završio pismo za Vilijama i vratio joj kusur od deset pezosa). Tek sada stvarno znam šta se dešava, da u stvari nikada nisam mnogo znao o onome što se dešavalo, hoću da kažem, nisam znao duboke uzroke tog jeftinog tanga koji je počeo sa Anabelom, od Anabele. Kako zaista razumeti tu zgodu kao iz milonge u kojoj je reč o jednoj smrti i ništa manje nego bočici otrova, nije valjda jednom javnom prevodiocu sa kancelarijom i bronzanom pločicom na vratima Anabela mogla da kaže celu istinu, uz pretpostavku da ju je i ona znala. Kao i u mnogim drugim stvarima u to vreme, kretao sam se među apstrakcijama, i sada, na kraju puta, pitam se kako sam mogao živeti na toj površini pod kojom su gmizala i grizla stvorenja iz portenjske noći, velike ribe te mutne reke za koju ja i toliki drugi ljudi nismo znali. Nema smisla što sada hoću da pričam o nečemu što nisam umeo dobro da upoznam dok se događalo, kao u nekoj parodiji na Prusta nameravam da uđem u uspomene onako kako nisam ušao u život da bih ga na kraju zaista proživeo. Mislim da to činim zbog Anabele, najzad bih hteo da napišem priču kadru da mi je opet pokaže, priču u kojoj bi se ona sama videla onako kako se, verujem, nije videla u ono vreme jer se i Anabela kretala kroz težak i prljav vazduh Buenos Ajresa koji ju je sadržavao i u isto vreme odbacivao kao nekakav beznačajan višak, lumpen iz luke i smrdljivog ćumeza koji je izlazio na hodnik na koji su izlazili i ćumezi mnoštva drugih lumpena, gde se čulo mnoštvo tanga istovremeno, izmešanih sa prepirkama, žalopojkama, ponekad smehom, naravno da je ponekad bilo i smeha, kad su Anabela i Maruća pričale viceve ili bezobrazluke između dva matea ili uz nikad dovoljno hladno pivo. Ne bih li uspeo da iščupam Anabelu iz te zbrkane i umrljane slike koja mi je od nje ostala, kao što su ponekad Vilijamova pisma stizala zbrkana i umrljana i ona mi ih stavljala u ruku kao da mi dodaje prljavu maramicu.

11. februar 1982.

Tako sam tog jutra saznao da je Vilijamov teretnjak bio nedelju dana u Buenos Ajresu i da je sad stiglo prvo Vilijamovo pismo iz Tampika, u pratnji klasičnog paketa sa obećanim poklonima, najlonskim gaćicama, fosforescentnom narukvicom i bočicom parfema. Nikada nije bilo mnogo razlike između pisama koja su devojke primale od svojih prijatelja i njihovih poklona, one su najviše tražile odeću od najlona koju je u to vreme bilo teško naći u Buenos Ajresu, a oni su slali poklone sa skoro uvek romantičnim porukama iz kojih su mestimično probijale tako nedvosmislene aluzije da sam ih s mukom prevodio naglas devojkama koje su mi, naravno, diktirale ili davale skice pisama punih nostalgije, noći na igrankama, i molbi povodom najlonskih čarapa

i bluza boje tanga. Sa Anabelom je bilo isto, tek što sam joj preveo Vilijamovo pismo počela je da mi diktira odgovor, ali ja sam dobro znao tu vrstu klijentele pa je zamolih da mi samo navede teme, a ja ću se kasnije pobrinuti da sve sročim kako treba. Anabela me na trenutak iznenađeno pogleda.
— Osećanje — reče. — Morate da unesete mnogo osećanja.
— Naravno, ništa ne brinite, recite mi šta treba da odgovorim.

Bio je to kao i uvek iscrpan spisak, potvrda o prijemu, ona je dobro ali je umorna, kada će se Vilijam vratiti, neka joj napiše barem po razglednicu iz svake luke, neka kaže tamo nekom Periju da ne zaboravi da pošalje fotografiju što ih je zajedno slikao na keju. A, i neka mu kaže da je ono sa Doli još uvek isto.
— Ako mi to malo ne razjasnite... — počeh ja.
— Samo mu tako recite, da je ono sa Doli još uvek isto. I na kraju, recite mu, pa dobro, znate vi već šta, onako osećajno, razumete.
— Naravno, ne brinite.

Dogovorili smo se da svrati sledećeg dana, i kada je došla potpisala je pismo pošto ga je letimično pogledala, videlo se na njoj da mnoge reči može da razume, zadržala se malo na ovom ili onom odeljku, onda je potpisala i pokazala mi hartijicu na kojoj je Vilijam ispisao datume i luke. Odlučili smo da će najbolje biti ako mu pismo pošalje u Oukland, do tada je led već bio razbijen i Anabela je od mene primila prvu cigaretu, gledala me kako pišem po kovertu, naslonjena na ivicu stola, pevušeći nešto. Nedelju dana kasnije donela mi je skicu pisma koje je Vilijamu trebalo hitno da napišem, izgledala je uznemireno i zamolila me da joj pismo odmah sročim ali ja sam bio zatrpan italijanskim krštenicama i obećao sam joj da ću ga napisati iste večeri, potpisati ga umesto nje i poslati po izlasku iz kancelarije. Pogledala me je sumnjičavo, ali je posle rekla dobro, i otišla. Sledećeg jutra pojavila se u pola dvanaest da proveri jesam li poslao pismo. Tada sam je prvi put poljubio i dogovorili smo se da odem kod nje kad izađem s posla.

12. februar 1982.

Nije baš da su mi se u to vreme dopadale lučke devojke, kretao sam se u prijatnom malom svetu postojane veze sa ženom koju ću zvati Suzana i odrediti je kao kinezioterapeuta, samo što mi se ponekad taj svet činio suviše mali i suviše udoban, i tada bih dobio preku potrebu da uronim, da se vratim u vreme dečaštva i usamljeničkih šetnji po južnim predgrađima, uz čašicu i hirovit izbor, uz kratke, možda više estetske nego erotske međuigre, pomalo nalik pisanju ovog odlomka koji ponovo čitam i koji bih morao da precrtam ali ću ga ostaviti jer su se stvari tako događale, ono što sam nazvao uranjanjem bilo je istinski nepotrebno ponižavanje, prljanje, jer Suzana, jer T. S. Eliot, jer Vilhelm Bakhaus, a međutim, a međutim.

13. februar 1982.

Juče sam se naljutio na sebe, sad je zabavno razmišljati o tome. U svakom slučaju sam od početka znao, Anabela me neće pustiti da napišem priču zato što, prvo, to neće biti priča, a zatim, zato što će Anabela učiniti (kao što je i onda, sirotica, nehotice učinila) sve što može samo da me ostavi bespomoćnog pred ogledalom. Dovoljno je da pročitam ovaj dnevnik pa da osetim kako je ona samo katalizator nameran da me odvuče na dno svake stranice koju zbog toga ne pišem, u središte ogledala u kojem bih voleo da vidim nju a umesto toga pojavljuje se jedan propisno diplomiran javni prevodilac sa svojom predvidljivom, pa čak i kakofoničnom Suzanom, susuzanom, zašto je nisam nazvao Amalija ili Berta. To zadire u problem pisanja, ne može svako ime da se... (dokle ćeš više?)

Te noći

Anabeline sobe u ulici Rekonkista broj 500 radije se ne bih sećao, možda pre svega zato što je ta soba, Anabela to nije znala, bila veoma blizu mog stana na jednom dvanaestom spratu sa predivnim pogledom na reku lavlje boje. Sećam se (neverovatno je da se sećam takvih stvari), dok sam se dogovarao s njom došao sam u iskušenje da joj kažem kako je bolje da ona dođe u moj stan gde ćemo imati viski sa dosta leda i krevet koji spada među krevete po mom ukusu, ali me je zadržala pomisao da će je vratar Fermin koji ima više očiju nego Argus videti kako ulazi u lift ili izlazi iz njega i moj ugled će propasti, pa on je skoro razneženo gledao Suzanu kad god bi nas video da zajedno ulazimo ili izlazimo, znao je da razlikuje vrstu šminke, potpetice na cipelama ili tašne. Pokajao sam se čim sam počeo da se penjem uz stepenište i skoro da sam se okrenuo nalevo krug kada sam dospeo u hodnik na koji je izlazilo ne znam koliko soba, zvukova i mirisa. No Anabela mi se već smešila sa vrata svoje sobe, a zatim, bilo je i viskija, mada bez leda, obaveznih lutaka, ali i reprodukcija slike Kinkele Martina. Obred smo obavili natenane, pili smo sedeći na sofi i Anabela me je zapitkivala kada sam upoznao Maruću i kakav je bio moj nekadašnji ortak o kome su joj druge devojke govorile. Kada joj spustih ruku na bedro i poljubih je u uvo nasmešila mi se sasvim prirodno i ustala da sa kreveta skine roze pokrivač. Na rastanku, kada sam ostavio nekoliko novčanica pod pepeljarom, njen osmeh se nije promenio, značio je hladno prihvatanje koje me je potreslo svojom iskrenošću, drugi bi kazali, svojom profesionalnošću. Znam da sam otišao a da sa njom nisam porazgovarao – kako sam inače nameravao da učinim – o poslednjem pismu za Vilijama, šta se mene sve to ticalo, na kraju krajeva, i ja sam njoj mogao da se smeškam kao što se ona smeškala meni, i ja sam profesionalac.

16. februar 1982.

Anabelina naivnost, kao onaj crtež koji je jednoga dana napravila u mojoj kancelariji dok me je čekala krivicom nekakvog hitnog prevoda, crtež koji je van sumnje ostao zaturen u nekoj knjizi sve dok se kojim slučajem ne pojavi, kao onomad njena fotografija, prilikom neke selidbe ili ponovnog čitanja. Crtež sa kućicama iz predgrađa i dve-tri kokoške što kljucaju na pločniku. Ali ko govori o naivnosti? Lako je nagrditi Anabelu zbog neznanja koje ju je vodilo kao da je prevaljuje sa jedne stvari na drugu; iznenada, ispod svega, nazreo bih nešto što sam toliko puta gotovo mogao da opipam u njenom pogledu ili odlukama ali mi je izmicalo, ono što je Anabela pomalo dramatično zvala „život" a što je za mene bila oblast zabranjenog pristupa koju su samo mašta ili Roberto Arlt mogli da mi nadoknade. (Sećam se Ardoja, jednog mog prijatelja advokata, koji je ponekad umeo da se upetlja u mutne slučajeve iz podzemlja iz puke nostalgije za nečim što je u dubini duše znao da je nemoguće, odakle se vraćao ne kao istinski učesnik nego kao običan svedok, kao što sam ja svedok Anabele. Da, prave naivčine bili smo mi koji smo nosili kravatu i govorili tri jezika; u svakom slučaju, Ardoj je kao dobar advokat cenio svoju ulogu očevica, gotovo je smatrao svojim zadatkom. Ali neće on, nego ću ja da pišem priču o Anabeli.)

17. februar 1982.

Neću to nazvati prisnošću, za to je trebalo da umem Anabeli da dam ono što je ona meni pružala tako prirodno, da je odvedem svojoj kući, na primer, da pripremim neko prihvatljivo poravnanje, pa makar nastavio da sa njom održavam jednu cenovnikom utvrđenu vezu mušterije sa lakom ženom. U to vreme nisam mislio kao što sada mislim kako mi Anabela nikada neće zameriti što je držim strogo po strani; mora biti da joj je to izgledalo kao pravilo igre, nešto što nije isključivalo prijateljstvo dovoljno veliko da bi smehom i šalom ispunilo praznine izvan kreveta, one koje su uvek najgore. Anabela se uopšte nije zanimala za moj život, njena retka pitanja svodila su se na: „Jesi li imao psa kao mali?", ili: „Da li si se uvek šišao tako kratko?" Ja sam već bio prilično u toku stvari oko Doli i Maruće, i svega u Anabelinom životu, dok ona i dalje nije znala, a nije joj ni bilo važno, imam li ja sestru ili brata od strica (ovaj potonji je bariton). Maruću sam poznavao od ranije zbog pisama i ponekad se nalazio s njom i Anabelom u kafani Koćabamba da popijemo pivo (uvozno). Iz jednog od pisama za Vilijama saznao sam za svađu između Maruće i Doli, ali ono što ću nazvati pitanjem bočice postalo je ozbiljno tek mnogo kasnije, u početku je tolika naivnost bila smešna (jesam li govorio o Anabelinoj naivnosti? Mrzi me da iznova čitam ovaj dnevnik koji mi sve manje pomaže da napišem priču) jer je Anabela bila Marućina nerazdvojna prijateljica pa je ispričala Vilijamu kako Doli stalno otima od Maruće najbolje komade, nafatirane tipove, pa čak i jednog koji je sin komesara kao u tangu, kod Čempe joj je od života pravila pakao i očigledno je iskorišćavala to što Marući malo opada kosa, što ima problema sa zubima i što u krevetu, itd., itd. Sve je to Maruća isplakala Anabeli na ramenu, meni nije jer možda u mene nije imala toliko poverenja, ja sam bio prevodilac i zdravo đaci, kaže da si neverovatan, poveravala mi se Anabela, ti joj sve tako dobro prevodiš, kuvar sa onog francuskog broda joj čak šalje više poklona nego ranije, Maruća misli da je to sigurno zbog osećanja koje unosiš.

— A tebi ne šalje više?

— Ma ne, čoveče. Sigurno iz čiste ljubomore pišeš suvoparno.

Takve je stvari govorila, i toliko smo se smejali. Čak mi je kroz smeh ispričala za bočicu koja je već jednom ili dvaput iskrsla u popisu tema za pisma Vilijamu, a ja nisam postavljao pitanja jer mi je jedno od uživanja bilo da je pustim da mi sve sama ispriča. Sećam se kako mi je pričala u svojoj sobi dok smo otvarali bocu viskija pošto smo prethodno zaradili pravo na gutljaj.

– Kunem ti se, nisam se dala. Uvek mi se činio nekako luckast, možda zato što ne kapiram mnogo taj jezik, mada njega na kraju uvek sve razumeš. Dabome, ne poznaješ ga, kad bi video kakve su mu oči, kao u žute mačke, lepo mu stoji jer je zgodan momak, kad izlazi oblači se da padneš u nesvest, ovde se nikad ne viđaju takve stvari, od sintetike, razumeš.

– Ali šta ti je rekao?

– Da će kad se vrati da mi donese jednu flašicu. Nacrtao mi je na salveti i odozgo stavio mrtvačku glavu i dve ukrštene kosti. Jesam li sad jasna?

– Jesi, ali ne razumem zbog čega. Pričala si mu za Doli?

– Naravski, one noći kad je došao po mene čim mu je stigao brod Maruća je bila sa mnom, plakala je i povraćala, morala sam da je držim, inače bi iz onih stopa otišla da Doli razbije njušku. Baš je tad saznala da joj je Doli otela starca što dolazi četvrtkom, đavo će ga znati šta je ta kučka pričala o Marući, možda ono za kosu pošto je tu posredi nešto zarazno. Vilijam i ja smo joj dali čašu fernea i odmah je stavili u ovaj isti krevet, zaspala je i onda smo mogli na igranku. Ja sam mu ispričala sve o Doli, sigurno je razumeo jer on sve razume, upilji se u mene onim svojim žutim očima i samo neke stvari moram da mu ponovim.

– Čekaj malo, da popijemo još po jedan viski, večeras je sve duplo – rekoh joj i nasmejasmo se, jer ga je i u prvom cugu bilo poprilično – a šta si ti uradila?

– Misliš da sam tako blentava? Ma kakvi, pocepala sam salvetu u komadiće da mu bude jasno. Ali on zapeo sa flašicom, poslaće mi da joj Maruća stavi u piće. *In a drink*, rekao je. Nacrtao mi ćorku na drugoj salveti i posle precrtao, to je značilo da se neće ništa posumnjati.

– Savršeno – rekoh ja. – Taj Jenki misli da su ovde sudski lekari pali s kruške. Dobro si uradila, mala, tim pre što je ta bočica trebalo da prođe kroz tvoje ruke.
– Baš tako.
(Ne sećam se, kako bih i mogao da se *setim* ovog razgovora. Ali tako je bilo, zapisujem ga kao da ga sad slušam, ili ga izmišljam dok ga prepisujem, ili ga prepisujem dok ga izmišljam. Upitati se, usput, nije li baš to književnost.)

19. februar 1982.

Ali ponekad nije tako, nego mnogo složenije. Ponekad se dospe u nekakav sistem paralela, simetrija, i možda baš zbog toga ima trenutaka i rečenica i događaja koji ostaju zauvek u sećanju lišenom prevelikih zasluga (u svakom slučaju, moje ih nema) pošto zaboravlja tolike važne stvari.
Ne, nije uvek u pitanju izmišljanje ili prepisivanje. Noćas sam mislio, moram nastaviti da zapisujem sve ovo o Anabeli, to će me možda dovesti do priče kao konačne istine, a onda iznenada opet soba u ulici Rekonkista, februarska ili martovska vrućina, momak iz Riohe sa pločama Alberta Kastilja s druge strane hodnika, onaj tip što nikako da se oprosti od svoje famozne pampe, čak bi i Anabela duboko uzdisala a ona i muzika baš, *zbogom, paaampo moooja*, i Anabela naga sedi na krevetu i seća se svoje pampe tamo negde kod Trenke Laukena. Kakvu buku taj diže oko svoje pampe, Anabela prezrivo pali cigaretu, tolika zajebancija zbog nekakvog sranja punog krava. Ali Anabela, mislio sam da si veći rodoljub, mala moja. Obično dosadno sranje, čoveče, da nisam došla u Buenos Ajres valjda bih se bacila u prvi jarak. Malo-pomalo, sećanja potkrepljuju njene reči i odjednom, kao da je uopšte i trebalo da mi priča, povest o trgovačkom putniku, skoro da ni usta nije otvorila a ja sam odmah osetio da sam to već znao, da su mi već ispričali. Pustio sam je da govori pošto je njoj

bilo potrebno da mi govori (ponekad flašica, a sada putnik) ali ja nekako nisam bio s njom, ono što mi je pričala dopiralo je do mene iz drugih glasova i drugih soba, da izvini Kapot, dolazilo je do mene iz trpezarije u hotelu u prašnjavom Bolivaru, u onom selu u pampi u kojem sam proživeo dve sada već daleke godine, sa neke sedeljke sa prijateljima i prolaznicima na kojoj se pričalo o svemu i svačemu ali ponajviše o ženama, o onome što smo u to vreme mi dečaci zvali komadima, prilično retkim u životu seoskih neženja.

Kako se jasno sećam one letnje noći, uz kolače i kafu sa rakijom ćelavi Rosati prisećao se stvari iz drugih vremena, bio je to čovek koga smo cenili zbog njegove duhovitosti i velikodušnosti, isti onaj čovek koji je posle jedne žestoke priče Floresa Dijesa ili dosadnog Salasa počeo da nam pripoveda o nekoj već ne tako mladoj ženskoj koju je posećivao na njenom imanju pored Kasbasa, gde je ova živela sa kokoškama i udovičkom penzijom i u bedi odgajala ćerku od trinaest godina.

Rosati je prodavao nova i polovna kola, dolazio je na udovičino imanje kad bi mu to odgovaralo prilikom neke ture, donosio poklone i legao sa udovicom do sledećeg dana. Ona ga je mazila, pravila mu dobar mate, pekla mu empanade i, po Rosatijevim rečima, u krevetu uopšte nije bila loša. Ćolu su slali da spava pod strejom gde je ranije pokojnik čuvao odavno prodati jednopreg; bila je to mučaljiva devojčica nemirnih očiju, koja bi se izgubila iz vida čim bi se Rosati pojavio, a za večerom sedela oborene glave i skoro ne progovarajući ni reč. Ponekad bi joj on doneo neku igračku ili bombone koje je ona primala uz jedno „hvala, gospodine" izgovoreno maltene nasilu. One večeri kada se Rosati pojavio sa više poklona nego inače jer je tog jutra prodao jedan plimut i bio zadovoljan, udovica je Ćolu uhvatila za rame i kazala joj da se nauči da lepo zahvaljuje gos'n Karlosu, da ne bude takva divljakuša. Rosati joj oprosti kroz smeh, znao je kakva joj je narav, ali je u tom trenutku zbunjenosti devojčicu video po prvi put, video je njene crne oči i četrnaest godina koje su počele da joj nadimaju pamučnu majicu. Te noći je u krevetu osetio razliku, a mora biti da ju je osetila i udovica jer je plakala i kazala mu da je on više ne voli kao nekad, da će je sigurno zaboraviti jer joj se više nije predavao kao u početku. Pojedinosti dogovora nikada nismo saznali, jednog trenutka je udovica otišla po Ćolu i dovukla je u kuću. Sama joj je skinula odeću dok je Rosati čekao u krevetu, i pošto je devojčica vikala i očajnički se branila, majka ju je uhvatila za noge i držala je tako do kraja. Sećam se da je Rosati malo pognuo glavu i rekao, napola postiđeno a napola izazivački: „Kako je plakala..." Niko od nas nije rekao ni reč, težak muk vladao je sve dok gnjavež Salas nije odvalio nešto po svom običaju pa smo svi, a posebno Rosati, počeli da razgovaramo o drugim stvarima.

Ni ja nisam Anabeli rekao ni reč. Šta sam joj mogao reći? Da već znam svaku pojedinost, osim što je između te dve priče prošlo najmanje dvadeset godina, i što trgovački putnik iz Trenke Laukena nije bio taj isti čovek, niti Anabela ta ista žena? Da je sve oduvek bilo manje-više isto sa svim Anabelama na svetu, osim što su se ponekad zvale Ćola?

23. februar 1982.

Anabeline mušterije, neodređena spominjanja ponekog imena ili zgode. Slučajni susreti po kafanama u luci, uporno posmatranje nekog lica, slušanje nekog glasa. Naravno da mi ništa od toga nije bilo važno, pretpostavljam da se u toj vrsti podeljenih odnosa niko ne oseća mušterijom kao što su drugi, a osim toga, ja sam mogao biti siguran u svoje povlastice, prvo zbog pisama, a onda i zbog mene samoga, nešto na meni se Anabeli dopadalo pa mi je davala, čini mi se, više prostora nego drugima, po čitavo veče u sobi, bioskop, milonga, i nešto možda nalik nežnosti, u svakom slučaju želja da se smejemo zbog bilo čega, nimalo lažna velikodušnost u načinu na koji je Anabela tražila i primala zadovoljstvo. Nije moguće da je takva bila i prema drugima, prema mušterijama, i zato im nisam pridavao značaja (smisao je u tome da mi Anabela nije ništa značila, ali zašto se danas svega toga sećam) premda bih u stvari više voleo da sam bio jedini, da sam tako živeo sa Anabelom, a sa druge strane sa Suzanom, dabome. No Anabela je morala da zarađuje za život i s vremena na vreme bi do mene dopro neki sasvim jasan nagoveštaj, kao kada bih se iza ugla mimoišao sa debeljkom – nikada nisam saznao njegovo ime, niti sam pitao, ona ga je zvala samo tako, debeljko – pa bih ga gledao kako ulazi u kuću, zamišljao ga kako prelazi isti put kao i ja te večeri, stepenik po stepenik, sve do hodnika i Anabeline sobe i svega ostalog. Sećam se kako sam otišao da popijem viski u Fregati i pročitao sve vesti iz inostranstva u *Rasonu*, ali sam unutra osećao Anabelu sa debeljkom, bio sam budala, ali sam to osećao kao da su bili u mom krevetu, upotrebljavali ga iako nisu imali prava da to čine.

Možda zbog toga nisam baš bio ljubazan prema Anabeli kada se pojavila u mojoj kancelariji nekoliko dana kasnije. Saznao bih hirove i raspoloženja svih svojih epistolarnih klijenata (reč se ponovo javlja na prilično čudan način, a, Sigmunde?) u trenutku kada bi mi dali ili izdiktirali pismo, i ostao sam skoro neosetljiv kada se Anabela takoreći izdrala da istoga časa napišem Vilijamu da mi donese flašicu, ona kučka kurvinska ne zaslužuje da živi. *Du calme*, rekoh joj (dosta dobro je razumela frnacuski) šta znači takvo ponašanje pre čašice vermuta. No Anabela je bila besna i uvodni deo pisma glasio je da je Doli ponovo preotela Marući jednog frajera sa autom i kod Čempe prodaje žvaku da je to uradila da bi ga spasla od sifilisa. Pripalio sam cigaretu koja je trebalo da znači isto što i bela zastava i napisao pismo koje besmisleno u isti mah govori o bočici i o srebrnastim sandalama trideset šest i po (najviše trideset sedam). Morao sam da izračunam i pretvorim to u pet ili pet i po kako ne bih zadavao muke Vilijamu, pismo je ispalo vrlo kratko i poslovno, bez ikakvih osećanja koja je Anabela obično tražila, premda je to sada činila sve ređe iz očiglednih razloga. (Kako je zamišljala ono što sam ja mogao napisati Vilijamu na kraju pisma? Više mi nije tražila da joj čitam odgovore, odmah je odlazila moleći me da ih pošaljem, nije mogla znati da sam ja ostao veran njenom stilu i da sam Vilijamu govorio o nostalgiji i nežnosti, ne zbog preterane dobrote nego zato što je trebalo imati u vidu odgovore i poklone, a to je u suštini za Anabelu morao biti najsigurniji barometar.)

Te večeri sam pažljivo promislio i pre nego što sam poslao pismo dodao sam odvojen list u kojem sam se Vilijamu ukratko predstavio kao Anabelin prevodilac i zamolio ga da me poseti čim se iskrca i to naročito pre nego što se sretne sa Anabelom. Kada sam ga video kako ulazi dve nedelje kasnije, žute oči ostavile su na mene veći utisak nego njegov ni nostalgični ni skladni izgled mornara na kopnu. Nismo odviše trošili reči, rekoh mu da sam upućen u pitanje bočice ali da stvari nisu tako užasne kakvim ih Anabela zamišlja. Vešto sam pokazao svoju zabrinutost za Anabelu koja, u slučaju da stvar bude otkrivena, ne bi mogla tek tako da otputuje brodom kao što će on za tri dana.

– Dobro, ali ona mi je to tražila – reče Vilijam ne uzbuđujući se. – Žao mi je Maruće, a ovo je najbolji način da se sve sredi.

Ako mu je verovati, sadržaj bočice nije ostavljao ni najmanjeg traga, i to kao da je na neki zanimljiv način kod Vilijama poništavalo svaki pojam o krivici. Osetih opasnost i latih se posla ne navaljujući preterano. U suštini, nevolje sa Doli nisu bile ni veće ni manje nego prilikom njegovog poslednjeg putovanja, dabome da je Marući išlo sve gore, a to je jednoj Anabeli teško padalo. Ja se za to zanimam jer sam prevodilac svih tih devojaka i dobro ih poznajem, i pročaja. Izvukoh viski pošto sam prethodno obesio natpis IZAŠAO i zaključao kancelariju, pa počeh sa Vilijamom da pijem i da pušim. Ocenio sam ga iz prve, prostodušan, preosetljiv, opasan. To što sam bio prevodilac Anabelinih sentimentalnih fraza kao da me je po ugledu izjednačavalo sa ispovednikom, kod drugog viskija saznao sam da je stvarno zaljubljen u Anabelu i da je hteo da je izvuče iz onakvog života, da je odvede u Sjedinjene Države, za par godina, kad sredi, reče, neke tekuće poslove. Morao sam stati na njegovu stranu, viteški odobriti njegove namere i uzeti ih kao uporište u ubeđivanju da je stvar sa bočicom nešto najgore što bi Anabeli mogao da učini. Počeo je da uviđa stvari i sa te strane, ali nije sakrio od mene da mu Anabela neće oprostiti ako je izneveri, da će ga smatrati za mekušca i kopile, a takve stvari on ne bi mogao ni od Anabele da podnese.

Koristeći kao primer čin dolivanja viskija u čašu, predložih mu plan u kojem ću ja biti njegov saveznik. Naravno, daće bočicu Anabeli, ali će je napuniti čajem ili koka-kolom; ja ću ga obaveštavati o novostima sistemom posebnih listova, kako bi u Anabelinim pismima ostalo samo ono što se tiče isključivo njih dvoje, a izvesno je da će za to vreme stvar između Doli i Maruće dovesti u red puki zamor. Ako ne bude tako – u nečemu sam morao popustiti pred tim žutim očima koje su postajale sve ukočenije – pisaću mu da pošalje ili donese pravu bočicu, a što se tiče Anabele, uveren sam da će razumeti, ukoliko do toga dođe, ako joj kažem da sam ja odgovoran za prevaru zbog opšteg dobra, itd.

– O.K. – reče Vilijam. Prvi put je to rekao, i učinilo mi se manje blesavo nego kad bih to čuo od svojih prijatelja. Na vratima pružismo jedan drugom ruku, pogledao me je, onako dugačak i žut, i rekao: „Hvala na pismima." Rekao je to u množini, što znači da je mislio na Anabelina pisma, a ne na onaj jedan jedini zaseban list. Zbog čega je ta zahvalnost morala da izazove onakvu nelagodnost, zbog čega, kada ostadoh sam, popih još jedan viski pre nego što zatvorih kancelariju i izađoh na ručak?

26. februar 1982.

Pisci koje cenim znali su lepo da ironizuju jezik nekoga ko bi bio kao Anabela. To me veoma zabavlja, nema zbora, ali mi se u stvari prednosti koje pruža kultura čine pomalo prljavim; i ja sam mogao da ponovim tolike Anabeline fraze, ili rečenice Španca vratara, najzad, i ovde bi trebalo da to učinim ako bih pisao priču, ništa lakše od toga. Ali u ono vreme radije bih se posvetio tome da u sebi poredim Anabelin i Suzanin način govora, koji je umeo da ih razgoliti mnogo dublje nego moje ruke, da otkrije u njima ono otvoreno i ono zatvoreno, ono usko i ono široko, veličinu njihovih senki u životu. Nikada od Anabele nisam čuo reč „demokratija", a ona ju je, međutim, slušala i čitala po dvadeset puta na dan, dok bi je Suzana, naprotiv, koristila bilo kojim povodom, i to uvek sa istom savršeno čistom savešću posednice. U intimnim stvarima Suzana je umela da pravi aluzije na svoju ženskost, dok je Anabela govorila ribica ili maca; ova potonja reč uvek me je opčinjavala svojom mekotom. I tako od pre deset minuta jer ne mogu da se rešim da dodam sve što nedostaje (a čega nema mnogo i što ne odgovara suviše onome što sam se neodređeno nadao da ću napisati) odnosno, da cele te nedelje ništa nisam čuo o Anabeli kao što se i moglo pretpostaviti jer je sve vreme bila sa Vilijamom, ali jednog kasnog prepodneva ona se pojavi preda mnom očigledno sa delom najlonskih poklona koje je bio doneo Vilijam, i novom kožnom torbom od ne znam čega sa Aljaske od koje bi u to doba godine čoveku bilo vrućina samo ako pogleda na nju. Došla je da mi ispriča kako je Vilijam upravo otišao, što za mene nije bila novost, i da joj je doneo onu stvar (zanimljivo, izbegavala je da je naziva bočicom) koja je već u Marućinim rukama.

Sada nisam imao razloga da se uzbuđujem, ali je bilo poželjno da se pravim da sam zabrinut, da se raspitam da li je Maruća potpuno svesna kakvu to strahotu znači, i tome slično, pa mi je Anabela objasnila da ju je naterala da se zakune Devicom iz Luhana da će samo ako Doli ponovo bude, i tako dalje. Uzgred ju je zanimalo šta mislim o tašni i najlonskim čarapama, pa smo se dogovorili, kod nje, iduće nedelje, jer se ona prilično brinula posle tolikog *full time* sa Vilijamom. Već je bila krenula, kada se setila:

– Tako je dobar, znaš. Jesi li svestan koliko je mogla da ga košta ova tašna? Nisam htela ništa o tebi da mu kažem, ali on mi je sve vreme pričao o pismima, kaže da mu ti tačno prenosiš osećanja.

– Ah – rekoh, ne znajući baš tačno zbog čega mi se te reči učiniše zloslutnim.

– Pogledaj, ima dvostruku sigurnosnu kopču i sve. Na kraju sam mu rekla da me ti dobro poznaješ i da mi zato prevodiš pisma, šta njega briga kad te nikad nije video.

– Razume se, šta ga briga – uspeo sam da kažem.

– Obećao mi je da će mi sa sledećeg putovanja doneti gramofon sa radiom i sve to, ućutkaćemo mi već onog iz Riohe sa zbogom, pampo moja, ako mi ti kupiš ploče Kanara i D'Arijenca.

Tek što je ona otišla telefonirala mi je Suzana, koja je očigledno dobila jedan od onih svojih napada nomadizma i pozvala me da zajedno idemo njenim kolima u Nekoćeu. Pristao sam, za vikend, i ostala su mi tri dana samo za razmišljanje, dok sam osećao kako me sve više pritiska kamen na srcu (može li kamen da stoji na srcu?). Prvo: Vilijam nije pričao Anabeli o svojim planovima za venčanje, bilo je skoro očigledno da ga je Anabelina nehotična greška lupila po glavi kao maljem (a što je to prikrio bilo je veoma zabrinjavajuće). Znači da.

Ništa nije vredelo da u tom trenutku govorim sebi kako se povodim za dedukcijama tipa Dikson Kar ili Eleri Kvin, na kraju krajeva, tipu kao što je Vilijam nema zašto da remeti miran san činjenica da sam ja jedna od Anabelinih mušterija. Ali istovremeno sam osećao da nije tako, da bi baš neko kao Vilijam mogao reagovati drugačije, sa onom mešavinom preosetljivosti i žestine koju sam na njemu primetio od prvog trenutka. Jer osim toga, sada je dolazilo ono drugo: pošto je saznao da sam ja Anabeli radio još nešto osim što sam joj prevodio pisma, zašto nije došao da mi to kaže, pa kud puklo da puklo? Nije mogao da mi zaboravi to što je u mene imao poverenja, čak mi se na neki način i divio, ispovedio se pred nekim ko se za to vreme valjao od smeha zbog tolike naivnosti, a to je Vilijam zacelo itekako osetio u trenutku kad se Anabela izletela. Sasvim se lako može zamisliti Vilijam kako jednim zamahom sravnjuje sa zemljom Anabelu i dolazi pravo u moju kancelariju da i sa mnom učini isto. Ali ni jedno ni drugo, što znači...

Što znači šta. Rekao sam to sebi kao da uzimam tabletu za umirenje, na kraju krajeva, njegov je brod već daleko i sve ovo ostaje u pretpostavkama; vreme i talasi Nekoćee polako će ih zbrisati, a osim toga, Suzana je čitala Oldouza Hakslija, što će nam dati materijal za sasvim drugačije teme, Bogu hvala. I ja sam kupio nove knjige na povratku kući, sećam se da je bilo nešto od Borhesa i / ili Bjoja.

27. februar 1982.

Premda se već malo ko seća, mene i dalje uzbuđuje način na koji Spendrel očekuje i prima smrt u *Kontrapunktu*. Četrdesetih godina ta epizoda nije mogla tako duboko da dirne argentinske čitaoce; danas može, ali baš danas je se više ne sećaju. A ja sam i dalje veran Spendrelu (nisam ponovo čitao roman niti ga sada imam pri ruci) i mada sam pojedinosti zaboravio, čini mi se kao da opet posmatram prizor kad on sluša snimak omiljenog Betovenovog kvarteta znajući da se fašistički komandosi približavaju njegovoj kući da ga ubiju, i dajući tom završnom izboru težinu koja njegove ubice čini još dostojnijim prezira. I Suzanu je dirnula ta scena, premda mi se njeni razlozi nisu učinili baš isti kao moji ili možda Hakslijevi; još uvek smo raspravljali na terasi hotela kada naiđe prodavac novina od koga kupih *Rason* i na osmoj stranici videh da policija istražuje zagonetnu smrt, videh jednu neprepoznatljivu Dolinu fotografiju, ali i njeno puno ime i njenu opštepoznatu društvenu aktivnost, hitno preneta u bolnicu Ramos Mehija, podlegla dva sata kasnije pod dejstvom jakog otrova. Vraćamo se večeras, rekoh Suzani, ovde i tako samo sipi kiša. Razbesnela se, čuh da me naziva despotom. Osvetio se, mislio sam puštajući je da govori, osećajući kako me steže grč koji se penje od prepona do stomaka, osvetio se, kučkin sin da bi kučkin sin, kako li samo uživa na svom brodu, đavola čaj ili koka-kola, i ona blentava Maruća koja će da propeva za deset minuta. Kao naleti straha posle svake Suzanine rečenice, dupli viski, grč, kovčeg, vraga neće propevati, sve će da sruči samo ako joj zalepe jednu pljusku.

Ali Maruća nije propevala, sledeće večeri našao sam Anabelinu poruku ispod vrata u kancelariji, vidimo se u sedam u kafani kod Crnca, bila je veoma mirna i sa kožnom torbom, nije joj ni na kraj pameti bilo da bi je Maruća mogla uvući u nepriliku. Reč je reč, i tačka, govorila mi je sa mirom koji bi mi izgledao veličanstveno da nisam goreo od želje da joj opalim šamarčinu. Marućino priznanje ispunjavalo je pola stranice u novinama i Anabela ga je upravo čitala kada sam stigao u kafanu. Novinar se nije upuštao ni u šta izvan opštih podataka o zanimanju, žena je izjavila da je nabavila otrov sa trenutnim dejstvom koji je sipala u čašu sa pićem, odnosno u ćincano koji je Doli pila na litre. Suparništvo između dve žene doseglo je vrhunac, dodavao je zapisivač, i tragični rasplet, itd.

Ne čudi me što sam zaboravio skoro sve pojedinosti tog susreta sa Anabelom. Vidim je kako mi se osmehuje, to da, čujem kako mi kaže da će advokati dokazati da je Maruća bila žrtva, i ona će izaći za manje od godinu dana; to veče ostavilo je u meni pre svega osećanje potpunog besmisla, nečega što se ovde ne može izreći, shvatio sam da je u tom trenutku Anabela bila kao andeo koji lebdi povrh stvarnosti, uverena da je Maruća u pravu (i to je tačno, ali ne na isti način) i da se nikome neće dogoditi ništa strašno. Govorila mi je o svemu tome kao da mi priča radio-dramu, daleko od sebe same, a još dalje od mene, od pisama, ponajdalje od pisama koja su me uvlačila u odnose između Vilijama i nje. Govorila mi je iz radio-drame, iz one nemerljive daljine između mene i nje, između njenog sveta i mog užasa koji je tražio cigarete i još jedan viski, i naravno, svakako, Maruća je od reči, razume se da neće propevati.

Jer ako sam u nešto bio siguran u tom trenutku onda je to bilo to da se anđelu ništa ne može reći. Kako joj, dođavola, objasniti da se Vilijam sada neće zadovoljiti ovime, da će sigurno pisati kako bi mu osveta bila potpuna, prijaviće Anabelu i usput potkazati mene kao onoga ko je sve to prikrivao. Gledala bi u mene kao izgubljena, on mi je poklonio, kako možeš i da pomisliš da bi tako nešto uradio, i tako redom.

Ne znam o čemu smo potom razgovarali, vratio sam se u svoj stan da razmislim i sledećeg dana sam se dogovorio sa jednim kolegom da se na par meseci pobrine o kancelariji; Anabela nije znala gde stanujem jer sam se iz predostrožnosti preselio u stan koji je Suzana upravo iznajmila u Belgranovoj ulici i nisam se micao iz bezbednog kraja grada kako bih izbegao slučajan susret sa Anabelom u centru. Ardoj, u koga sam imao puno poverenje, sa zadovoljstvom se prihvatio praćenja, kupajući se u atmosferi onoga što je on zvao samo dno. Tolike predostrožnosti pokazale su se kao nepotrebne ali su mi u međuvremenu poslužile da malo bolje spavam, da pročitam gomilu knjiga i da otkrijem nove strane, pa čak i neočekivane čari Suzane, koja je, sirotica, bila uverena da se odmaram zbog zdravlja, i svuda me vozila svojim kolima. Mesec i po dana kasnije stigao je Vilijamov brod i te iste noći od Ardoja sam saznao da se Anabela našla s njim i da su do tri ujutro igrali uz zvuke milonge u Palermu. Jedini logičan ishod morao je biti olakšanje ali ne verujem da sam ga osetio, pre će biti da su Dikson Kar i Eleri Kvin čisto sranje a njihova pamet i više nego sranje u poređenju sa onom milongom u kojoj je jedan anđeo sreo drugog anđela (*per modo di dire*, naravno) kako bi mi usput, između dva tanga, pljunuli posred lica, pljuju na mene i čak me i ne vide, i ne znaju za mene, a što je najgore, neće ni da znaju za mene, kao kad neko pljune na pločnik a da ga i ne pogleda. Njihov zakon i njihov svet anđela, sa Marućom i na neki način takođe sa Doli, a ja sa ove druge strane sa grčevima i sa valijumom i sa Suzanom, sa Ardojem koji mi i dalje priča o milongi ne primećujući da sam izvadio maramicu i da sam se, slušajući ga i zahvaljujući mu se na prijateljskom nadziranju, brisao maramicom ne bih li nekako skinuo onaj upljuvak s lica.

28. februar 1982.

Ostaje još nekoliko manje važnih pojedinosti: kada sam se vratio u kancelariju do detalja sam smislio kako Anabeli da uverljivo objasnim svoje odsustvo; suviše dobro sam poznavao nedostatak radoznalosti u njoj, prihvatiće bilo šta i opet će doći sa novim pismom za prevod, osim ako u međuvremenu nije našla novog prevodioca. Ali Anabela više nikada nije došla u moju kancelariju, u pitanju je bilo obećanje dato Vilijamu sa zakletvom i Devicom iz Luhana, ili se naprosto stvarno uvredila zbog mog odsutsva, ili je kod Ćempe imala previše posla. Mislim da sam je u početku nekako neodređeno očekivao, ne znam da li bi mi se svidelo da sam je video kako ulazi ali me je u dubini duše vređalo što je tako lako zaboravila na mene, ko bi joj prevodio pisma tako kao ja, ko je mogao poznavati Vilijama ili nju bolje nego ja. Dva-tri puta, usred nekog patenta ili neke krštenice zastao bih sa rukom u vazduhu, očekujući da se vrata otvore i da uđe Anabela u novim cipelama, ali bi zatim neko vaspitano pokucao i pojavila se neka konzularna faktura ili testament. I dalje sam izbegavao mesta na kojima bih mogao da je sretnem uveče ili tokom noći. Ni Ardoj je više nije viđao, a tih meseci zadesio me je odlazak u Evropu na neko vreme, pa sam onda polako sasvim ostao, zavoleo sam te zemlje i do sada ih volim, sede kose, sa šećernom bolešću koja me vezuje za kuću, sa uspomenama. Uistinu, voleo bih da ih zapišem, da napišem priču o Anabeli i o onim vremenima, možda bi mi, kad je napišem, to pomoglo da se bolje osećam, da sve ostavim u redu, ali više ne verujem da ću to učiniti, ostaje samo ova sveska puna nepovezanih delova, želja da se poduhvatim upotpunjavanja, želja da popunim praznine i da ispričam druge stvari o Anabeli, ali ono što jedva uspevam sebi da kažem jeste da bih toliko voleo da napišem priču o Anabeli, međutim, na kraju mi ispadne samo još jedna stranica u svesci, još jedan dan bez započete priče. Nevolja je u tome što nikako da se uverim u to da nikada tako nešto neću moći da učinim jer između ostalog nisam kadar da pišem o Anabeli, ništa mi ne vredi što skupljam pabirke, na kraju oni ipak nisu Anabelini ostaci nego moji, skoro kao kada bi Anabela htela da napiše priču pa se setila mene, kako je nikada nisam odveo svojoj kući, kako me je panika izvukla iz njenog života u roku od dva meseca, setila se svega onoga što se sada vraća, mada je, izvesno, Anabeli vrlo malo značilo, i samo se ja toga sećam, nečega što je tako sićušno ali se neprestano vraća odande, nečega što je možda trebalo da bude drugačije, kao i ja i kao skoro sve, i tamo i ovde. Kad malo bolje razmislim, koliko je samo Derida u pravu kada kaže: ne ostaje (mi) gotovo ništa, ni stvar, ni njeno postojanje, niti moje, ni čist objekat ni čist subjekat, nikakvo zanimanje ni za šta. Nikakvo zanimanje, doista, jer tražiti Anabelu u dnu vremena znači uvek iznova padati u samog sebe, a tako je tužno pisati o sebi iako bih želeo da i dalje zamišljam kako pišem o Anabeli.

O PISCU

Hulio Kortasar (Brisel, 1914 – Pariz, 1984), spada među najznačajnije pripovedače u dvadesetom veku. Obrazovao se u Argentini, gde je sa roditeljima, inače Argentincima, došao u četvrtoj godini. Radio je kao učitelj i profesor književnosti. Godine 1951. došao je u Francusku, nastanio se u Parizu, i tu ostao do kraja života.

Do sada su kod nas prevedena dva Kortasarova romana (*Školice* i *Divertimento*), kao i nekoliko zbirki pripovedaka: *Tajno oružje* (1969), *Dnevnik o priči* (1987), *Drugo putovanje* (1996), *Tango povratka* (1997) i *Apokalipsa u Solentinameu* (1998). U poslednje tri zbirke pripovedaka, objavljene u biblioteci *Reč i misao*, zajedno sa pripovetkama koje su pred vama, sada je u celini predstavljena u prevodu na srpski druga etapa u Kortasarovom pripovedaštvu, koja obuhvata period između 1969. i 1982. godine.

A.M.M.

SADRŽAJ

Silvija 5
Putovanje 17
Koračanje po tragovima 28
Rukopis nađen u džepu 48
Leto 61
Tu, ali gde, i kako 70
Vrat crne mačkice 80
Barka ili Nova poseta Veneciji 94
Kuda gledaju mačke 133
Kraj etape 138
Raskorak 148
Noćne more 163
Dnevnik o jednoj priči 173

O piscu 203

Hulio Kortasar
KRAJ ETAPE

*

Glavni urednik
JOVICA AĆIN

*

Lektor i korektor
MIROSLAVA STOJKOVIĆ

*

Tehnički urednik
ĐURO CRNOMARKOVIĆ

*

Nacrt za korice
JANKO KRAJŠEK

Realizacija
ALJOŠA LAZOVIĆ

*

IP RAD, a. d.
Beograd, Dečanska 12

*

Za izdavača
SIMON SIMONOVIĆ

*

Priprema teksta
Grafički studio RAD

*

Štampa
Elvod-print, Lazarevac

CIP – Каталогизација у публикацији
Народна библиотека Србије, Београд

860(82)-32

КОРТАСАР, Хулио
 Kraj etape / Hulio Kortasar ; [prevela sa španskog Aleksandra Mančić Milić]. – Beograd : Rad, 1999 (Lazarevac : Elvod-print). – 208 str. ; 18 cm. – (Reč i misao ; knj. 497–498)

Prevodi dela: Silvia ... [et al.] / Julio Cortázar. – O piscu: str. 203.
ISBN 86-09-00612-3
ID=75649292